ŒUVRES COMPLÈTES

DE

M. EUGÈNE SUE.

LES MYSTÈRES DE PARIS.

Ouvrages nouveaux de M. Eugène Sue,

QUI SE TROUVENT A LA MÊME LIBRAIRIE.

LATRÉAUMONT, 2 vol. in-8°.
ARTHUR, 4 vol. in-8°.
DELEYTAR, 2 vol. in-8°.
LE MARQUIS DE LÉTORIÈRE, 1 vol. in-8°.
JEAN CAVALIER, ou LES FANATIQUES DES CÉVENNES, 4 vol. in-8°.
DEUX HISTOIRES : HERCULE-HARDI ET LE COLONEL SURVILLE, 1772 — 1810, 2 vol. in-8°.
LE COMMANDEUR DE MALTE, histoire maritime du temps de Louis XIII, 2 vol. in-8°.
MATHILDE, MÉMOIRES D'UNE JEUNE FEMME, 6 vol. in-8°.
LE MORNE-AU-DIABLE, 2 volumes in-8°.
THÉRÈSE DUNOYER, 2 volumes in-8°.

Ouvrages de M. Eugène Sue

FAISANT PARTIE DE LA BIBLIOTHÈQUE D'ÉLITE.

LA SALAMANDRE, 1 vol. in-18, papier jésus vélin.
PLICK ET PLOCK, Nouvelles maritimes, 1 vol. in-18, papier jésus vélin.
ATAR GULL, Nouvelles maritimes, 1 vol. in-18, papier jésus vélin.
ARTHUR, 2 vol. in-18, papier jésus vélin.
LA COUCARATCHA, 2 vol. in-18, papier jésus vélin.
LA VIGIE DE KOAT-VEN, 2 vol. in-18, papier jésus vélin.

Paris. Imprimé par Béthune et Plon.

LES
MYSTÈRES
DE PARIS.

Par EUGENE SUE,
AUTEUR DE MATHILDE.

DEUXIÈME SÉRIE.

PARIS.
LIBRAIRIE DE CHARLES GOSSELIN,
Éditeur de la Bibliothèque d'Élite.
30, RUE JACOB.
MDCCCXLII.

LES MYSTÈRES DE PARIS.

DEUXIÈME PARTIE.

CHAPITRE PREMIER.

RECHERCHES.

La maison que possédait Rodolphe dans l'allée des Veuves n'était pas le lieu de sa résidence ordinaire. Il habitait un des plus grands hôtels du faubourg Saint-Germain, situé à l'extrémité de la rue *Plumet*.

Pour éviter les honneurs dus à son rang souverain, il avait gardé l'incognito depuis son arrivée à Paris, son chargé d'affaires près de la cour de France ayant annoncé que son maître rendrait les visites officielles indispensables sous les nom et titre de *comte de Duren*.

Grâce à cet usage fréquent dans les cours du Nord, un prince voyage avec autant de liberté que d'agrément, et échappe aux ennuis d'une représentation gênante.

Malgré son transparent incognito, Rodolphe tenait, ainsi qu'il convenait, un grand état de maison. Nous introduirons le lecteur dans l'hôtel de la rue Plumet le lendemain du départ du Chourineur pour l'Algérie.

Dix heures du matin venaient de sonner.

Au milieu d'une grande pièce située au rez-de-chaussée, et précédant le cabinet de travail de Rodolphe, Murph, assis devant un bureau, cachetait plusieurs dépêches.

Un huissier vêtu de noir, portant au cou une chaîne d'argent, ouvrit les deux battants de la porte d'un salon d'attente, et annonça :

— Son Excellence le baron de Graün !

Murph, sans se déranger de son occupation, salua le baron d'un geste à la fois cordial et familier.

— Monsieur le chargé d'affaires... — dit-il

en souriant—veuillez vous chauffer, je suis à vous dans l'instant...

—Sir Walter Murph, secrétaire intime de S. A. sérénissime... j'attendrai vos ordres—répondit gaiement M. de Graün, et il fit en plaisantant un profond et respectueux salut au digne squire.

Le baron avait cinquante ans environ, des cheveux gris, rares, légèrement poudrés et crêpés. Son menton, un peu saillant, disparaissait à demi dans une haute cravate de mousseline très-empesée et d'une blancheur éblouissante. Sa physionomie était remplie de finesse, sa tournure de distinction, et sous les verres de ses besicles d'or brillait un regard aussi malin que pénétrant. Quoiqu'il fût dix heures du matin, M. de Graün portait un habit noir; l'étiquette le voulait ainsi; un ruban rayé de plusieurs couleurs tranchantes était noué à sa boutonnière. Il posa son chapeau sur un fauteuil, et s'approcha de la cheminée pendant que Murph continuait son travail.

—Son Altesse a sans doute veillé une partie de la nuit, mon cher Murph, car votre correspondance me paraît considérable.

— Monseigneur s'est couché ce matin à six heures. Il a écrit entre autres une lettre de huit pages au grand maréchal, et il m'en a dicté une non moins longue pour le chef du conseil suprême.

— Attendrai-je le lever de S. A. pour lui faire part des renseignements que j'apporte?

— Non, mon cher baron... Monseigneur a ordonné qu'on ne l'éveillât pas avant deux ou trois heures de l'après-midi; il désire que vous fassiez partir ce matin ces dépêches par un courrier spécial, au lieu d'attendre à lundi... Vous me confierez les renseignements que vous avez recueillis, et j'en rendrai compte à monseigneur à son réveil; tels sont ses ordres...

— A merveille! S. A. sera, je crois, satisfaite de ce que j'ai à lui apprendre... Mais, mon cher Murph, j'espère que l'envoi de ce courrier n'est pas d'un mauvais augure... Les dernières dépêches que j'ai eu l'honneur de transmettre à S. A...

— Annonçaient que tout allait au mieux *là-bas;* et c'est justement parce que monseigneur tient à exprimer le plus tôt possible son contentement au chef du conseil suprême et au grand maréchal, qu'il désire que vous expédiiez ce courrier aujourd'hui même.

— Je reconnais là S. A. S'il s'agissait d'une réprimande, elle ne se hâterait pas ainsi; du reste, il n'y a qu'une voix sur la ferme et habile administration de nos gouvernants par intérim. C'est tout simple — ajouta le baron en souriant;— la montre était excellente et parfaitement réglée par notre maître, il ne s'agissait que de la monter ponctuellement... pour que sa marche invariable et sûre continuât d'indiquer chaque jour l'emploi de chaque heure et de chacun. L'ordre dans le gouvernement produit toujours la confiance et la tranquillité chez le peuple; c'est ce qui m'explique les bonnes nouvelles que vous me donnez.

— Et ici, rien de nouveau, cher baron? rien n'a été ébruité?... Nos mystérieuses aventures...

— Sont complétement ignorées. Depuis l'arrivée de monseigneur à Paris, on s'est habitué à ne le voir que très-rarement chez le peu de personnes qu'il s'était fait présenter;

on croit qu'il aime beaucoup la retraite, qu'il fait de fréquentes excursions dans les environs de Paris. S. A. s'est sagement débarrassée pour quelque temps du chambellan et de l'aide-de-camp qu'elle avait amenés d'Allemagne.

— Et qui nous eussent été des témoins fort incommodes.

— Ainsi, à l'exception de la comtesse Sarah Mac-Gregor, de son frère Tom Seyton de Halsbury, et de Karl, leur âme damnée, personne n'est instruit des déguisements de S. A.; or, ni la comtesse, ni son frère, ni Karl, n'ont d'intérêt à trahir ce secret.

— Ah! mon cher baron — dit Murph en souriant — quel malheur que cette maudite comtesse soit veuve maintenant!

— Ne s'était-elle pas mariée en 1827 ou en 1828?

— En 1827, peu de temps après la mort de cette malheureuse petite fille qui aurait maintenant seize ou dix-sept ans... et que monseigneur pleure encore chaque jour, sans en parler jamais.

— Regrets d'autant plus concevables que S. A. n'a pas eu d'enfant de son mariage.

— Aussi, tenez, mon cher baron, j'ai bien deviné qu'à part la pitié qu'inspire la pauvre *Goualeuse*, l'intérêt que monseigneur porte à cette malheureuse créature vient surtout de ce que la fille qu'il regrette si amèrement (tout en détestant la comtesse sa mère) aurait maintenant le même âge.

— Il est réellement fatal que cette Sarah, dont on devait se croire pour toujours délivré, se retrouve libre justement dix-huit mois après que S. A. a perdu le modèle des épouses après quelques années de mariage. La comtesse se croit, j'en suis certain, favorisée du sort par ce double veuvage...

— Et ses espérances insensées renaissent plus ardentes que jamais; pourtant elle sait que monseigneur a pour elle l'aversion la plus profonde, la plus méritée. N'a-t-elle pas été cause de... Ah! baron — dit Murph sans achever sa phrase — cette femme est funeste... Dieu veuille qu'elle ne nous amène pas d'autres malheurs!

— Que peut-on craindre d'elle, mon cher

Murph ? Autrefois elle a eu sur monseigneur l'influence que prend toujours une femme adroite et intrigante sur un jeune homme qui aime pour la première fois et qui se trouve surtout dans les circonstances que vous savez ; mais cette influence a été détruite par la découverte des indignes manœuvres de cette créature, et surtout par le souvenir de l'évément épouvantable qu'elle a provoqué...

— Plus bas, mon cher de Graün, plus bas — dit Murph. — Hélas ! nous sommes dans ce mois sinistre et nous approchons de cette date non moins sinistre, *le 13 janvier;* je crains toujours pour monseigneur ce terrible anniversaire...

— Pourtant... si une grande faute peut se faire pardonner par l'expiation, S. A. ne doit-elle pas être absoute ?

— De grâce, mon cher de Graün, ne parlons pas de cela... J'en serais attristé pour toute la journée.

— Je vous disais donc qu'à cette heure les visées de la comtesse Sarah sont absurdes, la mort de la pauvre petite fille dont vous parliez tout à l'heure a brisé le dernier lien qui pouvait encore attacher monseigneur à cette femme ; elle est folle, si elle persiste dans ses espérances...

— Oui ! mais c'est une dangereuse folle... Son frère, vous le savez, partage ses ambitieuses et opiniâtres imaginations, quoique ce digne couple ait à cette heure autant de raisons de désespérer qu'il en avait d'espérer... il y a dix-huit ans.

— Ah ! que de malheurs a aussi causés dans ce temps-là l'infernal abbé Polidori par sa criminelle complaisance !

— A propos de ce misérable, on m'a dit qu'il était ici depuis un an ou deux, plongé sans doute dans une profonde misère, ou se livrant à quelque ténébreuse industrie.

— Quelle chute pour un homme de tant de savoir, de tant d'esprit, de tant d'intelligence !

— Mais aussi d'une si abominable perversité !... Fasse le ciel qu'il ne rencontre pas la comtesse ! L'union de ces deux mauvais esprits serait bien dangereuse.

— Encore une fois, mon cher Murph, l'intérêt même de la comtesse, si déraisonnable que soit son ambition, l'empêchera toujours de profiter du goût aventureux de monseigneur, pour tenter quelque méchante action.

— Je l'espère comme vous ; cependant le hasard a déjoué je ne sais quelle proposition, détestable sans doute, que cette femme voulait faire au Maître d'école, cet affreux scélérat qui, à cette heure, hors d'état de nuire à personne, vit ignoré, peut-être repentant, chez d'honnêtes paysans du village de Saint-Mandé. Hélas ! j'en suis convaincu, c'était surtout pour me venger de cet assassin que monseigneur, en lui infligeant un châtiment terrible, risquait de se mettre dans une position très-grave.

— Grave ! non, non, mon cher Murph ; car enfin la question est celle-ci : un forçat évadé, un meurtrier reconnu, s'introduit chez vous et vous frappe d'un coup de poignard ; vous pouvez le tuer par droit de légitime défense ou l'envoyer à l'échafaud ; dans les deux cas ce scélérat est voué à la mort ; maintenant, au lieu de le tuer ou de le jeter au bourreau, par un châtiment formidable, mais mérité, vous mettez ce monstre hors d'état de nuire à la société. Qui vous accuserait? La justice se portera-t-elle partie civile contre vous en faveur d'un pareil bandit? Serez-vous condamnable pour avoir été moins loin que la loi ne vous permettait d'aller, pour avoir seulement privé de la vue celui que vous pouviez légalement tuer? Comment, pour défendre ma vie ou pour me venger d'un flagrant adultère, la société me reconnaît le droit de vie et de mort sur mon semblable... droit formidable, droit sans contrôle, sans appel, qui me constitue juge et bourreau... et je ne pourrais pas modifier à mon gré la peine capitale que j'aurais pu infliger impunément? et surtout... surtout lorsqu'il s'agit du brigand dont nous parlons? car la question est là... Je laisse de côté notre position de prince souverain de la Confédération germanique. Je sais qu'en droit cela ne signifie rien; mais en fait il est des immunités forcées; d'ailleurs, supposez un tel procès soulevé contre monseigneur; que d'actions généreuses plaideraient pour lui! que d'aumônes, que de bienfaits alors révélés! Encore une fois, dans les conditions où elle se présente, supposez cette cause étrange appelée devant un tribunal, que pensez-vous qu'il arrive?

—Monseigneur me l'a toujours dit. Il accepterait l'accusation et ne profiterait en rien des immunités que sa position lui pourrait assurer. Mais qui ébruiterait ce malheureux événement? Vous savez l'inébranlable discrétion de David et des quatre serviteurs hongrois de la maison de l'allée des Veuves. Le Chourineur, que monseigneur a comblé, n'a pas dit un mot de l'exécution du Maître d'école, de peur de se trouver compromis. Avant son départ pour Alger, il m'a juré de garder le silence à ce sujet. Quant au brigand lui-même, il sait qu'aller se plaindre, c'est porter sa tête au bourreau.

—Enfin, ni monseigneur, ni vous ni moi ne parlerons..., n'est-ce pas? Mon cher Murph, ce secret, pour être su de plusieurs personnes, n'en sera donc pas moins bien gardé. Au pis-aller, quelques contrariétés seules seraient à craindre; et encore de si nobles, de si grandes choses apparaîtraient au grand jour à propos de cette cause étrange, qu'une telle accusation, je le repète, serait un triomphe pour S. A.

— Vous me rassurez complétement. Mais vous m'apportez, dites-vous, les renseignements obtenus à l'aide des lettres trouvées sur le Maître d'école et des déclarations faites par la Chouette pendant son séjour à l'hôpital, dont elle est sortie depuis quelques jours, bien guérie de sa fracture à la jambe.

— Voici ces renseignements — dit le baron en tirant un papier de sa poche. — Ils sont relatifs aux recherches faites sur la naissance de la jeune fille appelée *la Goualeuse* et sur le lieu de résidence actuelle de *François-Germain*, fils du *Maître d'école.*

—Voulez-vous me lire ces notes, mon cher de Graün? je connais les intentions de monseigneur... je verrai si ces informations suffisent... Vous êtes toujours satisfait de votre agent?

— C'est un homme précieux, plein d'intelligence, d'adresse et de discrétion... Je suis même parfois obligé de modérer son zèle. Car, vous le savez, S. A. se réserve certains éclaircissements.

—Et il ignore toujours la part que monseigneur a dans tout ceci ?

—Absolument... Ma position diplomatique sert d'excellent prétexte aux investigations dont je le charge. M. Badinot (notre homme s'appelle ainsi) a beaucoup d'entre-gens et des relations patentes ou occultes dans presque toutes les classes de la société; jadis avoué, forcé de vendre sa charge pour de graves abus de confiance, il n'en a pas moins conservé des notions très-exactes sur la fortune et sur la position de ses anciens clients; il sait maint secret dont il se glorifie effrontément d'avoir trafiqué; deux ou trois fois enrichi et ruiné dans les affaires, trop connu pour tenter de nouvelles spéculations, réduit à vivre au jour le jour par une foule de moyens plus ou moins illicites, c'est une espèce de Figaro assez curieux à entendre; tant que son intérêt le lui commande, il appartient corps et âme à qui le paye, il n'a pas d'intérêt à nous tromper; je le fais d'ailleurs surveiller à son insu; nous n'avons donc aucune raison de nous défier de lui...

— Les renseignements qu'il nous a déjà donnés étaient, du reste, fort exacts.

— Il a de la probité à sa manière, et je vous assure, mon cher Murph, que M. Badinot est le type très-original d'une de ces existences mystérieuses que l'on ne rencontre et qui ne sont possibles qu'à Paris; il amuserait fort S. A. s'il n'était pas nécessaire qu'il n'eût aucun rapport avec elle.

— On pourrait augmenter la paye de M. Badinot : jugez-vous cette gratification nécessaire?

— Cinq cents francs par mois et les faux frais... montant à peu près à la même somme, me paraissent suffisants : il semble très-content; nous verrons plus tard.

— Et il n'a pas honte du métier qu'il fait?

— Lui? il s'en honore beaucoup, au contaire; il ne manque jamais, en m'apportant ses rapports, de prendre un certain air important... je n'ose dire diplomatique; car le drôle fait semblant de croire qu'il s'agit d'affaires d'État et de s'émerveiller des rapports occultes qui peuvent exister entre les intérêts les plus divers et les destinées des empires. Oui, il a l'impudence de me dire quelquefois : « Que de complications inconnues au vulgaire dans le gouvernement d'un État! Qui dirait pourtant que les notes que je vous remets, monsieur le baron, ont sans doute leur part d'action dans les affaires de l'Europe! »

— Allons, les coquins cherchent à se faire illusion sur leur bassesse; c'est toujours flatteur pour les honnêtes gens. Mais ces notes, mon cher baron?

— Les voici presque entièrement rédigées d'après le rapport de M. Badinot.

— Je vous écoute.

M. de Graün lut ce qui suit :

Note relative à Fleur-de-Marie.

« Vers le commencement de l'année 1827, un homme appelé Pierre Tournemine, actuellement détenu au bagne de Rochefort pour crime de faux, a proposé à la femme Gervais, dite la *Chouette*, de se charger pour toujours d'une petite fille âgée de cinq ou six ans, et de recevoir pour salaire la somme de 1,000 francs une fois payée. »

— Hélas! mon cher baron — dit Murph en interrompant M. de Graün — ... 1827... c'est justement cette année-là que monseigneur a appris la mort de la malheureuse enfant qu'il regrette si douloureusement... Pour cette cause et pour bien d'autres, cette année a été funeste à notre maître.

— Les heureuses années sont rares, mon pauvre Murph... Mais je continue :

« Le marché conclu, l'enfant est resté avec cette femme pendant deux ans; au bout desquels, voulant échapper aux mauvais traitements dont elle l'accablait, la petite fille a disparu. La Chouette n'en avait pas entendu parler depuis plusieurs années, lorsqu'elle l'a revue pour la première fois dans un cabaret de la Cité, il y a environ six semaines. L'enfant, devenue jeune fille, portait alors le surnom de la *Goualeuse*.

» Peu de jours avant cette rencontre, le nommé Tournemine, que le Maître d'école a connu au bagne de Rochefort, avait fait remettre à Bras-Rouge (correspondant mystérieux et habituel des forçats détenus au bagne ou libérés) une lettre détaillée concernant l'enfant autrefois confié à la femme Gervais, dite la *Chouette*.

» De cette lettre et des déclarations de la Chouette il résulte qu'une madame Séraphin, gouvernante d'un notaire nommé Jacques Ferrand, avait, en 1827, chargé Tournemine de lui trouver une femme qui, pour la somme de 1,000 francs, consentît à se charger d'un enfant de cinq ou six ans, qu'on voulait abandonner, ainsi qu'il a été dit plus haut.

» La Chouette accepta cette proposition.

» Le but de Tournemine, en adressant ces renseignements à Bras-Rouge, était de mettre ce dernier à même de faire rançonner madame Séraphin par un tiers, en la menaçant d'ébruiter cette aventure depuis long-temps oubliée. Tournemine affirmait que cette madame Séraphin n'était que la mandataire de personnages inconnus.

» Bras-Rouge avait confié cette lettre à la Chouette, associée depuis quelque temps aux crimes du Maître d'école ; ce qui explique comment ce renseignement se trouvait en possession du brigand, et comment, lors de sa rencontre avec la Goualeuse au cabaret du

Lapin-Blanc, la Chouette, pour tourmenter Fleur-de-Marie, lui dit : *On a retrouvé tes parents, mais tu ne les connaîtras pas.*

» La question était de savoir si la lettre de Tournemine concernant l'enfant autrefois remis par lui à la Chouette contenait la vérité.

» On s'est informé de madame Séraphin et du notaire Jacques Ferrand.

» Tous deux existent.

» Le notaire demeure rue du Sentier, n° 41 ; il passe pour austère et pieux, du moins il fréquente beaucoup les églises ; il a dans la pratique des affaires une régularité excessive que l'on taxe de dureté ; son étude est excellente ; il vit avec une parcimonie qui approche de l'avarice ; madame Séraphin est toujours sa gouvernante.

» M. Jacques Ferrand, qui était fort pauvre, a acheté sa charge 350,000 francs ; ces fonds lui ont été fournis sous bonnes garanties par M. Charles Robert, officier supérieur de l'état-major de la garde nationale de Paris, très-beau jeune homme, fort à la mode dans un certain monde. Il partage avec le notaire le produit de son étude, qui est estimé 50,000 francs environ, et ne se mêle en rien des affaires du notariat, bien entendu. Quelques médisants affirment que, par suite d'heureuses spéculations ou de coups de Bourse tentés de concert avec M. Charles Robert, le notaire serait à cette heure en mesure de rembourser le prix de sa charge; mais la réputation de M. Jacques Ferrand est si bien établie, que l'on s'accorde à regarder ces bruits comme d'horribles calomnies. Il paraît donc certain que madame Séraphin, gouvernante de ce saint homme, pourra fournir de précieux éclaircissements sur la naissance de la Goualeuse. »

— A merveille! cher baron — dit Murph; il y a quelque apparence de réalité dans les déclarations de ce Tournemine. Peut-être trouverons-nous chez le notaire les moyens de découvrir les parents de cette malheureuse enfant. Maintenant, avez-vous d'aussi bons renseignements sur le fils du Maître d'école?

— Peut-être moins précis... ils sont pourtant assez satisfaisants.

— Vraiment, votre M. Badinot est un trésor!

— Vous voyez que ce Bras-Rouge est la cheville ouvrière de tout ceci. M. Badinot, qui doit avoir quelques accointances avec la police, nous l'avait déjà signalé comme l'intermédiaire de plusieurs forçats lors des premières démarches de monseigneur pour retrouver le fils de madame Georges Duresnel, femme infortunée de ce monstre de Maître d'école.

— Sans doute; et c'est en allant chercher Bras-Rouge dans son bouge de la Cité, rue aux Fèves, n° 13, que monseigneur a rencontré le Chourineur et la Goualeuse. S. A. avait absolument voulu profiter de cette occasion pour visiter ces affreux repaires, pensant que peut-être elle trouverait là quelques malheureux à retirer de la fange... Ses pressentiments ne l'ont point trompée; mais au prix de quels dangers, mon Dieu!

— Dangers que vous avez bravement partagés, mon cher Murph...

— Ne suis-je pas pour cela *charbonnier ordinaire* de S. A.? — répondit le squire en souriant.

— Dites donc intrépide garde du corps, mon digne ami. Mais parler de votre courage et de votre dévouement, c'est une redite. Je continue donc mon rapport... — Voici la note concernant François-Germain, fils de madame Georges et du Maître d'école, autrement dit Duresnel.

CHAPITRE II.

RENSEIGNEMENTS SUR FRANÇOIS-GERMAIN.

M. de Graün continua :

« Il y a environ dix-huit mois, un jeune homme, nommé François-Germain, arriva à Paris, venant de Nantes, où il était employé dans la maison de banque Noël et compagnie.

» Il résulte des aveux du Maître d'école et de plusieurs lettres trouvées sur lui, que le scélérat auquel il avait confié son fils pour le pervertir, afin de l'employer un jour à de criminelles actions, dévoila cette horrible trame à ce jeune homme en lui proposant de favoriser une tentative de vol et de faux que l'on voulait commettre au préjudice de la maison Noël et compagnie, où travaillait François-Germain.

» Ce dernier repoussa cette offre avec indignation ; mais ne voulant pas dénoncer l'homme qui l'avait élevé, il écrivit une lettre anonyme à son patron, l'instruisit de la sorte de complot que l'on tramait, et quitta secrètement Nantes pour échapper à ceux qui avaient tenté de le rendre l'instrument et le complice de leurs crimes.

» Ces misérables, apprenant le départ de Germain, vinrent à Paris, s'abouchèrent avec Bras-Rouge et se mirent à la poursuite du fils du Maître d'école, sans doute dans de sinistres intentions, puisque ce jeune homme connaissait leurs projets. Après de longues et nombreuses recherches, ils parvinrent à découvrir son adresse : il était trop tard, Germain, ayant quelques jours auparavant rencontré celui qui avait essayé de le corrompre, changea brusquement de demeure, devinant le motif qui amenait cet homme à Paris. Le fils du Maître d'école échappa ainsi encore une fois à ses persécuteurs.

» Cependant, il y a six semaines environ, ceux-ci parvinrent à savoir qu'il demeurait rue du Temple, n° 17. Un soir, en rentrant chez lui, il manqua d'être victime d'un guet-apens (le Maître d'école avait caché cette circonstance à monseigneur).

» Germain devina d'où partait le coup, quitta la rue du Temple, et on ignora de nouveau le lieu de sa résidence. Les recherches en étaient à ce point lorsque le Maître d'école fut puni de ses crimes...

» C'est à ce point aussi que les recherches ont été reprises par l'ordre de monseigneur.

» En voici le résultat :

» François-Germain a habité environ trois mois la maison de la rue du Temple, n° 17; maison d'ailleurs extrêmement curieuse par les mœurs et par les industries étranges de la plupart des gens qui l'habitent. Germain y était fort aimé pour son caractère gai, serviable et ouvert. Quoiqu'il parût vivre de revenus ou d'appointements très-modestes, il avait prodigué les soins les plus touchants à une famille d'indigents qui habitent les mansardes de cette maison. On s'est en vain informé rue du Temple de la nouvelle demeure de François-Germain et de la profession qu'il exerçait; on suppose qu'il était employé dans quelque bureau ou maison de commerce, car il sortait le matin et rentrait le soir vers les dix heures.

» La seule personne qui sache certainement où habite actuellement ce jeune homme est une locataire de la maison de la rue du Temple; cette jeune fille, qui paraissait *intimement* liée avec Germain, est une fort jolie grisette, nommée mademoiselle *Rigolette*.... Elle occupe une chambre voisine de celle où logeait Germain. Cette chambre, vacante depuis le départ de ce dernier, est à louer maintenant. C'est sous le prétexte de sa location que l'on s'est procuré les renseignements ultérieurs.... »

— Rigolette? — dit tout à coup Murph, qui depuis quelques moments semblait réfléchir — Rigolette? je connais ce nom-là!

— Comment, sir Walter Murph! — reprit le baron en riant — comment, digne et respectable père de famille, vous connaissez des grisettes?... comment, le nom d'une mademoiselle Rigolette n'est pas nouveau pour vous? Ah! fi! ... fi!...

— Pardieu! monseigneur m'a mis à même

d'avoir de si bizarres *connaissances*, que vous n'auriez guère le droit de vous étonner de celle-là, baron. Mais attendez donc... Oui, maintenant... je me le rappelle parfaitement : monseigneur, en me racontant l'histoire de la Goualeuse, n'a pu s'empêcher de rire de ce nom grotesque de *Rigolette* ; autant qu'il m'en souvient, c'était celui d'une amie de prison de cette pauvre Fleur-de-Marie.

— Eh bien, à cette heure, mademoiselle Rigolette peut nous devenir d'une excessive utilité. Je termine mon rapport :

« Peut-être y aurait-il quelque avantage à louer la chambre vacante dans la maison de la rue du Temple. On n'avait pas l'ordre de pousser plus loin les investigations ; mais, d'après quelques mots échappés à la portière, on a tout lieu de croire non-seulement qu'il serait possible de trouver dans cette maison des renseignements certains sur le fils du Maître d'école par l'intermédiaire de mademoiselle Rigolette, mais que monseigneur pourrait observer là des mœurs, des industries, et surtout des misères dont il ne soupçonne pas l'existence. »

CHAPITRE III.

LE MARQUIS D'HARVILLE.

— Ainsi, vous le voyez, mon cher Murph — dit M. de Graün en finissant la lecture de ce rapport, qu'il remit au squire — d'après nos renseignements, c'est chez le notaire Jacques Ferrand qu'il faut chercher la trace des parents de la Goualeuse, et c'est à mademoiselle Rigolette qu'il faut demander où demeure maintenant François-Germain. C'est déjà beaucoup, ce me semble, de savoir où chercher.... ce qu'on cherche.

— Sans doute, baron; de plus, monseigneur trouvera, j'en suis sûr, une ample moisson d'observations dans la maison dont on parle. Ce n'est pas tout encore : vous êtes-vous informé de ce qui concerne le marquis d'Harville?

— Oui; et du moins quant à la question d'argent les craintes de S. A. ne sont pas fondées. M. Badinot affirme, et je le crois bien instruit, que la fortune du marquis n'a jamais été plus solide, plus sagement administrée.

— Après avoir en vain cherché la cause du profond chagrin qui minait M. d'Harville, monseigneur s'était imaginé que peut-être le marquis éprouvait quelques embarras d'argent : il serait alors venu à son aide avec la mystérieuse délicatesse que vous lui connaissez;... mais puisqu'il s'est trompé dans ses conjectures, il lui faudra renoncer à trouver le mot de cette énigme, avec d'autant plus de regret qu'il aime beaucoup M. d'Harville.

— C'est tout simple, S. A. n'a jamais oublié tout ce que son père doit au père du marquis. Savez-vous, mon cher Murph, qu'en 1815, lors du remaniement des États de la Confédération germanique, le père de S. A. courait de grands risques d'élimination, à cause de son attachement connu et prouvé pour Napoléon? Feu le vieux marquis d'Harville rendit, dans cette occasion, d'immenses services au père de notre maître, grâce à l'amitié dont l'honorait l'empereur Alexandre, amitié qui datait de l'émigration du marquis en Russie, et qui, invoquée par lui, eut une puissante influence dans les délibérations du Congrès, où se débattaient les intérêts des princes de la Confédération germanique.

— Et voyez, baron, combien souvent les nobles actions s'enchaînent; en 92, le père du marquis est proscrit; il trouve en Allemagne, auprès du père de monseigneur, l'hospitalité la plus généreuse; après un séjour de trois ans dans notre cour, il part pour la Russie, y mérite les bontés du czar, et à l'aide de ces bontés il est à son tour très-utile au prince qui l'avait autrefois si noblement accueilli.

— N'est-ce pas en 1815, pendant le séjour du vieux marquis d'Harville auprès du grand-duc alors régnant, que l'amitié de monseigneur et du jeune d'Harville a commencé?

— Oui, ils ont conservé les plus doux souvenirs de cet heureux temps de leur jeunesse. Ce n'est pas tout : monseigneur a une si profonde reconnaissance pour la mémoire de l'homme dont l'amitié a été si utile à son père, que tous ceux qui appartiennent à la famille

d'Harville ont droit à la bienveillance de S. A...
Ainsi c'est non moins à ses malheurs et à ses
vertus qu'à cette parenté que la pauvre madame Georges a dû les incessantes bontés
de S. A.

— Madame Georges! la femme de Duresnel! le forçat surnommé le *Maître d'école*?
— s'écria le baron.

— Oui..., la mère de ce François-Germain
que nous cherchons et que nous trouverons,
je l'espère...

— Elle est parente de M. d'Harville?

— Elle était cousine de sa mère et son
intime amie. Le vieux marquis avait pour
madame Georges l'amitié la plus dévouée.

— Mais comment la famille d'Harville lui
a-t-elle laissé épouser ce monstre de Duresnel,
mon cher Murph?

— Le père de cette infortunée, M. de Lagny,
intendant du Languedoc avant la révolution,
possédait de grands biens; il échappa à la
proscription. Aux premiers jours de calme
qui suivirent cette terrible époque, il s'occupa
de marier sa fille. Duresnel se présenta; il
appartenait à une excellente famille parle-

mentaire; il était riche, il cachait ses inclinations perverses sous des dehors hypocrites; il épousa mademoiselle de Lagny. Quelque temps dissimulés, les vices de cet homme se développèrent bientôt : dissipateur, joueur effréné, adonné à la plus basse crapule, il rendit sa femme très-malheureuse. Elle ne se plaignit pas, cacha ses chagrins, et après la mort de son père se retira dans une terre qu'elle fit valoir pour se distraire. Bientôt son mariage eut englouti leur fortune commune dans le jeu et dans la débauche; la propriété où s'était retirée madame Georges Duresnel fut vendue. Alors elle emmena son fils et alla rejoindre sa parente, la marquise d'Harville, qu'elle aimait comme sa sœur. Duresnel, ayant dévoré son patrimoine et les biens de sa femme, se trouva réduit aux expédients; il demanda au crime de nouvelles ressources, devint faussaire, voleur, assassin, fut condamné au bagne à perpétuité, enleva son fils à sa femme pour le confier à un misérable de sa trempe... Vous savez le reste.

— Mais comment monseigneur a-t-il retrouvé madame Duresnel?

— Lorsque Duresnel fut jeté au bagne, sa femme, réduite à la plus profonde misère, prit le nom de Georges.

— Dans cette cruelle position, elle ne s'est donc pas adressée à la marquise d'Harville, sa parente, sa meilleure amie?

— La marquise était morte avant la condamnation de Duresnel, et depuis, par une honte invincible, jamais madame Georges n'a osé se présenter à sa famille, qui aurait certainement eu pour elle les égards que méritaient tant d'infortunes. Pourtant... une seule fois, poussée à bout par la misère et par la maladie... elle se résolut à implorer les secours de M. d'Harville, le fils de sa meilleure amie... Ce fut ainsi que monseigneur la rencontra.

— Comment donc?

— Un jour il allait voir M. d'Harville; à quelques pas devant lui marchait une pauvre femme, vêtue misérablement, pâle, souffrante, abattue. Arrivée à la porte de l'hôtel d'Harville, au moment d'y frapper, après une longue hésitation, elle fit un brusque mouvement et revint sur ses pas, comme si le courage lui eût manqué. Très-étonné, monseigneur suivit cette femme, vivement intéressé par son air de douceur et de chagrin. Elle entra dans un logis de triste apparence. Monseigneur prit quelques renseignements sur elle; ils furent des plus honorables. Elle travaillait pour vivre; mais l'ouvrage et la santé lui manquaient : elle était réduite au plus affreux dénûment. Le lendemain j'allai chez elle avec monseigneur. Nous arrivâmes à temps pour l'empêcher de mourir de faim. Après une longue maladie où tous les soins lui furent prodigués, madame Georges, dans sa reconnaissance, raconta sa vie à monseigneur, dont elle ne connaît encore ni le nom ni le rang, lui raconta, dis-je, sa vie, la condamnation de Duresnel, et l'enlèvement de son fils...

— Ce fut ainsi que S. A. apprit que madame Georges appartenait à la famille d'Harville?

— Oui, et après cette explication monseigneur, qui avait apprécié de plus en plus les excellentes qualités de madame Georges, lui fit quitter Paris et l'établit à la ferme de Bouqueval, où elle est à cette heure avec la Goualeuse. Elle trouva dans cette paisible retraite, sinon le bonheur, du moins la tranquillité, et put se distraire de ses chagrins en gérant cette métairie... Autant pour ménager la douloureuse susceptibilité de madame Georges que parce qu'il n'aime pas à ébruiter ses bienfaits, monseigneur a laissé ignorer à M. d'Harville qu'il avait retiré sa parente d'une affreuse détresse.

— Je comprends maintenant le double intérêt de monseigneur à découvrir les traces du fils de cette pauvre femme.

— Vous jugez aussi par là, mon cher baron, de l'affection que porte S. A. à toute cette famille, et combien vif est son chagrin de voir le jeune marquis si triste, avec tant de raisons d'être heureux.

— En effet, que manque-t-il à M. d'Harville? Il réunit tout, naissance, fortune, esprit, jeunesse; sa femme est charmante, aussi sage que belle...

— Cela est vrai, et monseigneur n'a songé aux renseignements dont nous venons de parler qu'après avoir en vain tâché de pénétrer la cause de la noire mélancolie de M. d'Harville; celui-ci s'est montré profondément touché des bontés de S. A., mais il est toujours resté dans une complète réserve au sujet de sa tristesse. C'est peut-être une peine de cœur?

— On le dit pourtant fort amoureux de sa femme ; elle ne lui donne aucun motif de jalousie. Je la rencontre souvent dans le monde : elle est fort entourée, comme l'est toujours une jeune et charmante femme, mais sa réputation n'a jamais souffert la moindre atteinte.

— Oui, le marquis se loue toujours beaucoup de sa femme... Il n'a eu qu'une très-petite discussion avec elle au sujet de la comtesse Sarah Mac-Grégor.

— Elle la voit donc?

— Par le plus malheureux hasard, le père du marquis d'Harville a connu, il y a dix-sept ou dix-huit ans, Sarah Seyton de Halsbury et son frère Tom, lors de leur séjour à Paris, où ils étaient patronés par madame l'ambassadrice d'Angleterre. Apprenant que le frère et la sœur se rendaient en Allemagne, le vieux marquis leur donna des lettres d'introduction pour le père de monseigneur, avec lequel il entretenait une correspondance suivie. Hélas! mon cher de Graün, peut-être sans cette recommandation bien des malheurs ne seraient pas arrivés; car monseigneur n'aurait sans doute pas connu cette femme. Enfin, lorsque la comtesse Sarah est revenue ici, sachant l'amitié de S. A. pour le marquis, elle s'est fait présenter à l'hôtel d'Harville, dans l'espoir d'y rencontrer monseigneur; car elle met autant d'acharnement à le poursuivre qu'il met de persistance à la fuir...

— Se déguiser en homme pour relancer S. A. jusque dans la Cité!.. Il n'y a qu'elle pour avoir des idées semblables.

— Elle espérait peut-être par là toucher monseigneur, et le forcer à une entrevue qu'il a toujours refusée et évitée... Pour en revenir à madame d'Harville, son mari, à qui monseigneur avait parlé de Sarah comme il convenait, a conseillé à sa femme de la voir le moins possible; mais la jeune marquise, séduite par les flatteries hypocrites de la comtesse, s'est un peu révoltée contre les avis de M. d'Harville. De là quelques petits dissentiments, qui du reste ne peuvent certainement pas causer le morne abattement du marquis.

— Ah! les femmes... les femmes! mon cher Murph; je regrette beaucoup que madame d'Harville se trouve en rapport avec cette Sarah... Cette jeune et charmante petite marquise ne peut que perdre au commerce d'une si diabolique créature.

— A propos de créatures diaboliques — dit Murph — voici une dépêche relative à Cecily, l'indigne épouse du digne David.

— Entre nous, mon cher Murph, cette audacieuse métisse (1) aurait bien mérité la terrible punition que son mari, le cher docteur nègre, a infligée au Maître-d'École par ordre de monseigneur. Elle aussi a fait couler le sang, et sa corruption est épouvantable.

— Et malgré cela si belle, si séduisante! Une âme perverse sous de gracieux dehors me cause toujours une double horreur.

— Sous ce rapport Cecily est doublement odieuse; mais j'espère que cette dépêche an-

(1) Créole issue d'un blanc et d'une quarteronne esclave. Les métisses ne diffèrent des blanches que par quelques signes imperceptibles.

nule les derniers ordres donnés par monseigneur au sujet de cette misérable.

— Au contraire... baron...

— Monseigneur veut toujours qu'on l'aide à s'évader de la forteresse où elle avait été enfermée pour sa vie?

— Oui.

— Et que son prétendu ravisseur l'emmène en France? à Paris?

— Oui, et bien plus... cette dépêche ordonne de hâter, autant que possible, l'évasion de Cecily et de la faire voyager assez rapidement pour qu'elle arrive ici au plus tard dans quinze jours.

— Je m'y perds... monseigneur avait toujours manifesté tant d'horreur pour elle!..

— Et il en manifeste encore davantage, si cela est possible.

— Et pourtant il la fait venir auprès de lui! Du reste, il sera toujours facile, comme l'a pensé S. A., d'obtenir l'extradition de Cecily, si elle n'accomplit pas ce qu'il attend d'elle. On ordonne au fils du geôlier de la forteresse de Gerolstein d'enlever cette femme en feignant d'être épris d'elle; on lui donne toutes les facilités nécessaires pour accomplir ce projet... Mille fois heureuse de cette occasion de fuir, la métisse suit son ravisseur supposé, arrive à Paris; soit, mais elle reste toujours sous le coup de sa condamnation, c'est toujours une prisonnière évadée, et je suis parfaitement en mesure, dès qu'il plaira à monseigneur de réclamer son extradition, de l'obtenir.

— Qui vivra verra, mon cher de Graün; je vous prierai aussi, d'après l'ordre de monseigneur, d'écrire à notre chancellerie pour y demander, courrier par courrier, une copie légalisée de l'acte de mariage de David, car il s'est marié au palais ducal, en sa qualité d'officier de la maison de monseigneur.

— En écrivant par le courrier d'aujourd'hui nous aurons cet acte dans huit jours au plus tard...

— Lorsque David a su par monseigneur la prochaine arrivée de Cecily, il en est resté pétrifié; puis s'est écrié : « J'espère que V. A. ne m'obligera pas à voir ce monstre? » — « Soyez tranquille — a répondu monseigneur — vous ne la verrez pas... mais j'ai besoin d'elle pour certains projets. » David s'est trouvé soulagé d'un poids énorme. Néanmoins, j'en suis sûr, de bien douloureux souvenirs s'éveillaient en lui.

— Pauvre nègre!.. il est capable de l'aimer toujours. On la dit encore si jolie!

— Charmante... trop charmante... Il faudrait l'œil impitoyable d'un créole pour découvrir le *sang mêlé* dans l'imperceptible nuance bistrée qui colore légèrement la couronne des ongles roses de cette métisse; nos fraîches beautés du Nord n'ont pas un teint plus transparent, une peau plus blanche, des cheveux d'un châtain plus doré.

— J'étais en France lorsque monseigneur est revenu d'Amérique, ramenant David et Cecily; je sais que cet excellent homme est depuis cette époque attaché à S. A. par la plus vive reconnaissance; mais j'ai toujours ignoré par suite de quelle aventure il s'était voué au service de notre maître, et comment il avait épousé Cecily, que j'ai vue pour la première fois environ un an après son mariage; et Dieu sait le scandale qu'elle soulevait déjà!..

— Je puis parfaitement vous instruire de ce que vous désirez savoir, mon cher baron; j'accompagnai monseigneur dans ce voyage d'Amérique, où il a arraché David et la métisse au sort le plus affreux.

— Vous êtes mille fois bon, mon cher Murph; je vous écoute — dit le baron.

CHAPITRE IV.

HISTOIRE DE DAVID ET DE CECILY.

— M. Willis, riche planteur américain de la Floride — dit Murph — avait reconnu dans l'un de ses jeunes esclaves noirs, nommé David, attaché à l'infirmerie de son habitation, une intelligence très-remarquable, une commisération profonde et attentive pour les pauvres malades, auxquels il donnait avec amour les soins prescrits par les médecins, et enfin une vocation si singulière pour l'étude de la botanique appliquée à la médecine, que, sans aucune instruction, il avait composé et classé une sorte de *Flore* des plantes de l'habitation et de ses environs. L'exploitation de M. Willis, située sur le bord de la mer, était éloignée de quinze ou vingt lieues de la ville la plus prochaine; les médecins du pays, assez ignorants d'ailleurs, se dérangeaient difficilement, à cause des grandes distances et de l'incommodité des voies de communication. Voulant remédier à cet inconvénient si grave dans un pays sujet à de violentes épidémies, et avoir toujours un praticien habile, le colon eut l'idée d'envoyer David en France apprendre la chirurgie et la médecine... Enchanté de cette offre, le jeune noir partit pour Paris; le planteur paya les frais de ses études, et au bout de huit années d'un travail prodigieux, David, reçu docteur-médecin avec la plus grande distinction, revint en Amérique mettre son savoir à la disposition de son maître.

— Mais David avait dû se regarder comme libre et émancipé de fait et de droit en mettant le pied en France.

— Mais David est d'une loyauté rare, il avait promis à M. Willis de revenir; il revint... Puis il ne regardait pour ainsi dire pas comme sienne... une instruction acquise avec l'argent de son maître. Et puis enfin il espérait pouvoir adoucir moralement et physiquement les souffrances des esclaves, ses anciens compagnons... Il se promettait d'être non-seulement leur médecin, mais leur soutien, mais leur défenseur auprès du colon...

— Il faut en effet être doué d'une probité rare et d'un saint amour de ses semblables pour retourner auprès d'un maître, après un séjour de huit années à Paris... au milieu de la jeunesse la plus démocratique de l'Europe...

— Par ce trait... jugez de l'homme. Le voilà donc à la Floride, et il faut le dire, traité par M. Willis avec considération et bonté, mangeant à sa table, logeant sous son toit; du reste, ce colon stupide, méchant, sensuel, despote comme le sont quelques créoles, se crut très-généreux en donnant à David 600 fr. de salaires. Au bout de quelques mois un typhus horrible se déclare sur l'habitation; M. Willis en est atteint, mais promptement guéri par les excellents soins de David. Sur trente nègres gravement malades, deux seulement périssent. M. Willis, enchanté des services de David, porte ses gages à 1,200 fr.; le médecin noir se trouvait le plus heureux du monde, ses frères le regardaient comme leur providence; il avait très-difficilement, il est vrai, obtenu du maître quelque amélioration à leur sort, il espérait mieux pour l'avenir; en attendant, il moralisait, il consolait ces pauvres gens, il les exhortait à la résignation; il leur parlait de Dieu, qui veille sur le nègre comme sur le blanc; d'un autre monde, non plus peuplé de maîtres et d'esclaves, mais de justes et de méchants; d'une autre vie... éternelle celle-là, où les uns n'étaient plus le bétail, la chose des autres, mais où les victimes d'ici-bas étaient si heureuses qu'elles priaient dans le ciel pour leurs bourreaux... Que vous dirai-je? A ces malheureux qui, au contraire des autres hommes, comptent avec une joie amère le pas que chaque jour ils font vers la tombe... à ces malheureux qui n'espéraient que le néant, David fit espérer une liberté immortelle; leurs chaînes leur parurent alors moins lourdes, leurs travaux moins pénibles. David était leur idole... Une année environ se passa de la sorte. Parmi les plus jolies esclaves de cette habitation, on remarquait une métisse de quinze ans, nommée Cecily. M. Willis eut une fantaisie de sultan pour cette jeune fille ; pour la première fois de sa vie peut-être il éprouva un refus, une résistance opiniâtre. Cecily aimait... elle aimait David, qui, pendant la dernière épidémie, l'avait soignée et sauvée avec un dévouement admirable; plus tard l'amour, le plus chaste amour, paya la dette de la reconnaissance. David avait des goûts trop délicats pour ébruiter son bonheur avant le jour où il pourrait épouser Cecily, il attendait qu'elle eût seize ans révolus. M. Willis, ignorant cette mutuelle affection, avait jeté superbement son mouchoir à la jolie métisse; celle-ci tout éplorée vint raconter à David les tentatives brutales auxquelles elle avait à grand'peine échappé. Le noir la rassure, et va sur-le-champ la demander en mariage à M. Willis.

— Diable ! mon cher Murph... j'ai bien peur de deviner la réponse du sultan américain... Il refusa ?

— Il refusa. Il avait, disait-il, du goût pour cette jeune fille ; de sa vie il n'avait supporté les dédains d'une esclave ; il voulait celle-là, il l'aurait. David choisirait une autre femme ou une autre maîtresse, à son goût. Il y avait sur l'habitation dix capresses ou métisses aussi jolies que Cecily. David parla de son amour, que Cecily partageait depuis long-temps; le planteur haussa les épaules. David insista; ce fut en vain. Le créole eut l'impudence de lui dire qu'il était d'un *mauvais exemple* de voir un maître céder à une esclave, et que, cet exemple, il ne le donnerait pas pour satisfaire à un *caprice* de David... Celui-ci supplia, le maître s'impatienta; David, rougissant de s'humilier davantage, parla d'un ton ferme des services qu'il rendait et de son désintéressement; car il se contentait du plus mince salaire. M. Willis, irrité, lui répondit avec mépris qu'il était mille fois trop bien traité pour un *esclave*. A ces mots, l'indignation de David éclata... Pour la première fois il parla en homme éclairé sur ses droits par un séjour de huit années en France. M. Willis, furieux, le traita d'esclave révolté, le menaça de la chaîne. David proféra quelques paroles amères et violentes... Deux heures après, attaché à un poteau, on le déchirait de coups de fouet, pendant qu'à sa vue on entraînait Cecily dans le sérail du planteur.

— La conduite de ce planteur était stupide et effroyable... C'est l'absurdité dans la cruauté..... Il avait besoin de cet homme, après tout...

— Tellement besoin, que ce jour-là même l'accès de fureur où il s'était mis, joint à l'ivresse où cette brute se plongeait chaque soir, lui donna une maladie inflammatoire des plus dangereuses, et dont les symptômes se déclarèrent avec la rapidité particulière à ces affections : le planteur se met au lit avec une fièvre horrible... Il envoie un exprès chercher un médecin; mais le médecin ne peut être arrivé à l'habitation avant trente-six heures...

— Vraiment, cette péripétie semble providentielle... La fatale position de cet homme était méritée...

— Le mal faisait d'effrayants progrès... David seul pouvait sauver le colon; mais Willis, méfiant comme tous les scélérats, ne doutait pas que le noir, pour se venger, l'empoisonnât dans une potion... car, après l'avoir battu de verges, on avait jeté David au cachot... Enfin, épouvanté de la marche de la maladie, brisé par la souffrance, pensant que, mourir pour mourir, il avait au moins une chance dans la générosité de son esclave, après de terribles hésitations Willis fit déchaîner David...

— Et David sauva le planteur?

— Pendant cinq jours et cinq nuits il le veilla comme il aurait veillé son père, combattant la maladie pas à pas avec un savoir, une habileté admirables; il finit par en triompher, à la profonde surprise du médecin qu'on avait fait appeler, et qui n'arriva que le second jour.

— Et une fois rendu à la santé... le colon?...

— Ne voulant pas rougir devant son esclave qui l'écraserait à chaque instant de toute la hauteur de son admirable générosité, le colon, à l'aide d'un sacrifice énorme, parvint à attacher à son habitation le médecin qu'on avait été querir, et David fut remis au cachot.

— Cela est horrible! mais cela ne m'étonne pas; David eût été pour cet homme un remords vivant...

— Cette conduite barbare n'était pas d'ailleurs seulement dictée par la vengeance et par la jalousie... Les noirs de M. Willis aimaient David avec toute l'ardeur de la reconnaissance ; il était pour eux le sauveur du corps et de l'âme. Ils savaient les soins qu'il avait prodigués au colon lors de la maladie de ce dernier... Aussi, sortant par miracle de l'abrutissante apathie où l'esclavage plonge ordinairement la créature, ces malheureux témoignèrent vivement de leur indignation, ou plutôt de leur douleur, lorsqu'ils virent David déchiré à coups de fouet. M. Willis, exaspéré, crut découvrir dans cette manifestation le germe d'une révolte... Songeant à l'influence que David avait acquise sur les esclaves, il le crut capable de se mettre plus tard à la tête d'un soulèvement et de se venger alors de l'exécrable ingratitude de son maître... Cette crainte absurde fut un nouveau motif pour le colon d'accabler David de mauvais traitements et de le mettre hors d'état d'accomplir les sinistres desseins dont il le soupçonnait.

— A ce point de vue d'une terreur farouche... cette conduite semble moins stupide, quoique tout aussi féroce.

— Peu de temps après ces événements, nous arrivons en Amérique. Monseigneur avait affrété un brick danois à Saint-Thomas; nous visitions incognito toutes les habitations du littoral américain que nous côtoyions... Nous fûmes magnifiquement reçus par M. Willis... Le lendemain de notre arrivée, le soir, après boire, autant par excitation du vin que par forfanterie cynique, M. Willis nous raconta, avec d'horribles plaisanteries, l'histoire de David et de Cecily; car j'oubliais de vous dire qu'on avait fait aussi jeter cette malheureuse au cachot, pour la punir de ses premiers dédains. A cet affreux récit, S. A. crut que Willis se *vantait* ou qu'il était ivre; cet homme était ivre, mais il ne se vantait pas. Pour dissiper son incrédulité, le colon se leva de table en commandant à un esclave de prendre une lanterne et de nous conduire au cachot de David.

—Eh bien?

—De ma vie je n'ai vu un spectacle aussi déchirant. Hâves, décharnés, à moitié nus, couverts de plaies, David et cette malheureuse fille, enchaînés par le milieu du corps, l'un à un bout du cachot, l'autre du côté opposé, ressemblaient à des spectres... La lanterne qui nous éclairait jetait sur ce tableau une teinte plus lugubre encore... David, à notre aspect, ne prononça pas un mot; son regard avait une effrayante fixité. Le colon lui dit avec une ironie cruelle :

— Eh bien ! docteur, comment vas-tu ?... Toi qui es si savant !... sauve-toi donc !...

Le noir répondit par une parole et par un geste sublimes; il leva lentement la main droite, son index étendu vers le plafond; et, sans regarder le colon, d'un ton solennel il dit :

— Dieu !

Et il se tut.

— *Dieu ?* reprit le planteur en éclatant de rire; dis-lui donc, à Dieu, de venir t'arracher de mes mains ! Je l'en défie !...

Puis ce Willis, égaré par la fureur et par l'ivresse, montra le poing au ciel, et s'écria en blasphémant :

— Oui, je défie Dieu de m'enlever mes esclaves avant leur mort !... S'il ne le fait pas, je nie son existence !...

— C'était un fou stupide !

— Cela nous souleva le cœur de dégoût.....
Monseigneur ne dit mot. Nous sortons du cachot... Cet antre était situé, ainsi que l'habitation, sur le bord de la mer. Nous retournons à bord de notre brick, mouillé à une très-petite distance. A une heure du matin, au moment où toute l'habitation était plongée dans le plus profond sommeil, monseigneur descend à terre avec huit hommes bien armés, va droit au cachot, le force, David enlève ainsi que Cecily. Les deux victimes sont transportées à bord sans qu'on se soit aperçu de notre expédition ; puis monseigneur et moi nous nous rendons à la maison du planteur.

Bizarrerie étrange ! Ces hommes torturent leurs esclaves, et ne prennent contre eux aucune précaution : ils dorment fenêtres et portes ouvertes. Nous arrivons très-facilement à la chambre à coucher du planteur, intérieurement éclairée par une verrine. Monseigneur éveille cet homme. Celui-ci se dresse sur son séant, le cerveau encore alourdi par les fumées de l'ivresse.

— Vous avez ce soir défié Dieu de vous enlever vos deux victimes... avant leur mort? Il vous les enlève... — dit monseigneur. — Puis, prenant un sac que je portais et qui renfermait 25,000 francs en or, il le jeta sur le lit de cet homme et ajouta : — Voici qui vous indemnisera de la perte de vos deux esclaves... A votre violence qui tue, j'oppose une violence qui sauve... Dieu jugera !... Et nous disparaissons, laissant M. Willis stupéfait, immobile, se croyant sous l'impression d'un songe. Quelques minutes après nous avions rejoint le brick et mis à la voile.

— Il me semble, mon cher Murph, que S. A. indemnisait bien largement ce misérable de la perte de ses esclaves, car, à la rigueur, David ne lui appartenait plus.

— Nous avions à peu près calculé la dépense faite pour les études de ce dernier pendant huit ans, puis au moins triplé sa valeur et celle de Cecily comme simples esclaves. Notre conduite blessait le droit des gens, je le sais... mais si vous aviez vu dans quel horrible état se trouvaient ces malheureux presque agonisants, si vous aviez entendu ce défi sacrilége jeté à la face de Dieu par cet homme ivre de vin et de férocité, vous comprendriez que monseigneur ait voulu, comme il le dit dans cette occasion, — *jouer un peu le rôle de la Providence.*

— Cela est tout aussi attaquable et aussi justifiable que la punition du Maître d'école, mon digne squire ; et cette aventure n'eut d'ailleurs pas de suites ?

— Elle n'en pouvait avoir aucune. Le brick était sous pavillon danois, l'incognito de S. A. sévèrement gardé ; nous passions pour de riches Anglais. A qui M. Willis, s'il eût osé se plaindre, eût-il adressé ses réclamations ? En fait, il nous avait dit lui-même, et le médecin de monseigneur le constata dans un procès-verbal, que les deux esclaves n'auraient pas vécu huit jours de plus dans cet affreux cachot. — Il fallut les plus grands soins pour arracher David et Cecily à une mort presque certaine. Enfin ils revinrent à la vie. Depuis ce temps David est resté attaché à monseigneur comme médecin, et il a pour lui le dévouement le plus profond.

— David épousa sans doute Cecily en arrivant en Europe ?

— Ce mariage, qui paraissait devoir être si heureux, se fit dans le temple du palais de monseigneur; mais, par un revirement extraordinaire, à peine en jouissance d'une position inespérée, oubliant tout ce que David avait souffert pour elle et ce qu'elle-même avait souffert pour lui, rougissant dans ce monde nouveau d'être mariée à un nègre, Cecily, séduite par un homme d'ailleurs horriblement dépravé, commit une première faute; on eût dit que la perversité naturelle de cette malheureuse, jusqu'alors endormie, n'attendait que ce dangereux ferment pour se développer avec une effroyable énergie. Vous savez le reste, le scandale de ses aventures. Après deux années de mariage, David, qui avait autant de confiance que d'amour, apprit toutes ces infamies : un coup de foudre l'arracha de sa profonde et aveugle sécurité.

— Il voulut, dit-on, tuer sa femme?

— Oui; mais, grâce aux instances de monseigneur, il consentit à ce qu'elle fût renfermée pour sa vie dans une forteresse... Et c'est cette prison que monseigneur vient d'ouvrir... à votre grand étonnement et au mien, je ne vous le cache pas, mon cher baron.

— Franchement, la résolution de monseigneur m'étonne d'autant plus que le gouverneur de la forteresse a maintes fois prévenu S. A. que cette femme était indomptable : rien n'avait pu rompre ce caractère audacieux et endurci dans le vice ; et malgré cela monseigneur... persiste à la mander ici. Dans quel but ? pour quel motif ?

— Voilà, mon cher baron, ce que j'ignore comme vous... Mais il se fait tard. S. A. désire que votre courrier parte le plus tôt possible pour Gerolstein...

— Avant deux heures il sera en route. Ainsi, mon cher Murph... à ce soir...

— A ce soir.

— Avez-vous donc oublié qu'il y a grand bal à l'ambassade de ***, et que S. A. doit y aller ?...

— C'est juste... depuis l'absence du colonel Varner et du comte d'Harneim, j'oublie toujours que je remplis à la fois les fonctions de chambellan et d'aide-de-camp...

— Mais à propos du comte et du colonel,

quand nous reviennent-ils? Leurs missions sont-elles bientôt achevées?

— Monseigneur, vous le savez, les tient éloignés le plus long-temps possible pour avoir plus de solitude et de liberté... Quant à la mission que S. A. leur a donnée pour s'en débarrasser honnêtement... en les envoyant, l'un à Avignon, l'autre à Strasbourg... je vous la confierai... un jour que nous serons tous deux d'humeur sombre... car je défierais le plus noir hypocondriaque de ne pas éclater de rire, non-seulement à cette confidence, mais à certains passages des dépêches de ces dignes gentilshommes, qui prennent leurs prétendues missions avec un incroyable sérieux...

— Franchement, je n'ai jamais bien compris pourquoi S. A. avait placé le colonel et le comte dans son service particulier.

— Comment! le colonel Varner n'est-il pas le type admirable du militaire? Y a-t-il dans toute la Confédération germanique une plus belle taille, de plus belles moustaches, une tournure plus martiale? Et lorsqu'il est sanglé, caparaçonné, bridé, empanaché, peut-on voir un plus triomphant, un plus glorieux, un plus fier, un plus bel... animal?

— C'est vrai... mais cette beauté-là l'empêche justement d'avoir l'air excessivement spirituel...

— Eh bien! monseigneur dit que, grâce au colonel, il s'est habitué à trouver tolérables les gens les plus pesants du monde... Avant certaines audiences mortelles il s'enferme une petite demi-heure avec le colonel... et il sort de là tout crâne, tout gaillard, et prêt à défier l'ennui en personne...

— De même que le soldat romain, avant une marche forcée, se chaussait de sandales de plomb... afin de trouver toute fatigue légère en les quittant... J'apprécie maintenant l'utilité du colonel... Mais le comte d'Harneim?

— Est aussi d'une grande utilité pour monseigneur; en entendant sans cesse bruire à ses côtés ce vieux hochet creux, brillant et sonore; en voyant cette bulle de savon si gonflée... de néant, si magnifiquement diaprée, qui représente le côté théâtral et puéril du pouvoir souverain, monseigneur sent plus vivement encore la vanité de ces pompes stériles, et, par contraste, il a souvent dû à la contemplation de l'inutile et miroitant chambellan les idées les plus sérieuses et les plus fécondes.

— Du reste, il faut être juste, mon cher Murph, dans quelle cour trouverait-on, je vous prie, un plus parfait modèle du chambellan? Qui connaît mieux que cet excellent d'Harneim les innombrables règles et traditions de l'étiquette? Qui sait porter plus gravement une croix d'émail au col et plus majestueusement une clef d'or au dos?

— A propos, baron, monseigneur prétend que le dos d'un chambellan a une physionomie toute particulière : c'est, dit-il, une expression à la fois contrainte et révoltée, qui fait peine à voir; car, ô douleur! c'est au dos du chambellan que brille le signe symbolique de sa charge..., et, selon monseigneur, ce digne d'Harneim semble toujours tenté de se présenter à reculons, pour que l'on juge tout de suite de son importance...

— Le fait est que le sujet incessant des méditations du comte est la question de savoir par quelle fatale imagination on a placé la clef de chambellan derrière le dos... car, ainsi qu'il le dit très-sensément, avec une sorte de douleur courroucée,— que diable!... on n'ouvre pas une porte avec le dos, pourtant!

— Baron, le courrier, le courrier! — dit Murph en montrant la pendule au baron.

— Maudit homme qui me fait causer!... c'est votre faute... Présentez mes respects à S. A. — dit M. de Graün en courant prendre son chapeau — et à ce soir, mon cher Murph.

— A ce soir, mon cher baron..., un peu tard, car je suis sûr que monseigneur voudra visiter aujourd'hui même la mystérieuse maison de la rue du Temple.

CHAPITRE V.

UNE MAISON DE LA RUE DU TEMPLE.

Afin d'utiliser les renseignements que le baron de Graün avait recueillis sur la Goualeuse et sur Germain, fils du Maître d'école, Rodolphe devait se rendre rue du Temple et chez le notaire Jacques Ferrand :

Chez celui-ci, pour tâcher d'obtenir de madame Séraphin quelques indices sur la famille de Fleur-de-Marie ;

A la maison de la rue du Temple, récemment habitée par Germain, afin de tenter de découvrir la retraite de ce jeune homme par l'intermédiaire de mademoiselle Rigolette ; tâche assez difficile, cette grisette sachant peut-être que le fils du Maître d'école avait le plus grand intérêt à laisser complétement ignorer sa nouvelle demeure.

En louant dans la maison de la rue du Temple la chambre naguère occupée par Germain, Rodolphe facilitait ainsi ses recherches et se mettait à même d'observer de près les différentes classes de gens qui occupaient cette demeure.

Le jour même de l'entretien du baron de Graün et de Murph, Rodolphe se rendit, vers les trois heures, à la rue du Temple par une triste journée d'hiver.

Située au centre d'un quartier marchand et populeux, cette maison n'offrait rien de particulier dans son aspect; elle se composait d'un rez-de-chaussée occupé par un rogomiste, et de quatre étages surmontés de mansardes.

Une allée sombre, étroite, conduisait à une petite cour ou plutôt à une espèce de puits carré de cinq ou six pieds de large, complétement privé d'air, de lumière; réceptacle infect de toutes les immondices de la maison, qui y pleuvaient des étages supérieurs, car des lucarnes sans vitres s'ouvraient au-dessus du *plomb* de chaque palier.

Au pied d'un escalier humide et noir, une lueur rougeâtre annonçait la loge du portier; loge enfumée par la combustion d'une lampe, nécessaire même en plein jour pour éclairer cet antre obscur, où nous suivrons Rodolphe à peu près vêtu en commis-marchand non endimanché.

Il portait un paletot de couleur douteuse, un chapeau quelque peu déformé, une cravate rouge, un parapluie et d'immenses socques articulés. Pour compléter l'illusion de son rôle, Rodolphe tenait sous le bras un grand rouleau d'étoffes soigneusement enveloppé.

Il entra chez le portier pour lui demander à visiter la chambre alors vacante.

Un quinquet placé derrière un globe de verre rempli d'eau qui lui sert de réflecteur, éclaire la *loge;* au fond on aperçoit un lit recouvert d'une courte-pointe *arlequin*, formée d'une multitude de morceaux d'étoffes de toute espèce et de toute couleur; à gauche, une commode de noyer, dont le marbre supporte pour ornement :

Un petit saint Jean de cire, avec son mouton blanc et sa perruque blonde, le tout placé sous une cage de verre étoilée, dont les fêlures sont ingénieusement consolidées par des bandes de papier bleu;

Deux flambeaux de vieux plaqué rougi par le temps, et portant, au lieu de bougies, des oranges pailletées, sans doute récemment offertes à la portière comme cadeau du jour de l'an ;

Deux boîtes, l'une en paille de couleurs variées, l'autre recouverte de petits coquillages. Ces deux *objets d'art* sentent leur maison de détention ou leur bagne d'une lieue (1). (Espérons, pour la moralité du portier de la rue du Temple, que ce présent n'est pas un *hommage de l'auteur.*)

Enfin, entre les deux boîtes, et sous un globe de pendule, on admire une petite paire de bottes à cœur, en maroquin rouge, véri-

(1) Les forçats et les détenus s'occupent presque exclusivement de la fabrication de ces boîtes.

tables bottes de poupée, mais soigneusement et savamment travaillées, ouvrées et piquées.

Ce *chef-d'œuvre,* comme disaient les anciens artisans, joint à une abominable odeur de cuir rance et à de fantastiques arabesques dessinées le long des murs avec une innombrable quantité de vieilles chaussures, annonce suffisamment que le portier de cette maison a travaillé dans le *neuf* avant de descendre jusqu'à la restauration des vieilles chaussures.

Lorsque Rodolphe s'aventura dans ce bouge, M. Pipelet, le portier, momentanément absent, était représenté par madame Pipelet. Celle-ci, placée près d'un poêle de fonte situé au milieu de la loge, semblait écouter gravement *chanter* sa marmite (c'est l'expression consacrée).

L'Hogarth français, Henri Monnier, a si admirablement stéréotypé la *portière*, que nous nous contenterons de prier le lecteur, s'il veut se figurer madame Pipelet, d'évoquer dans son souvenir la plus laide, la plus ridée, la plus bourgeonnée, la plus sordide, la plus dépenaillée, la plus hargneuse, la plus *venimeuse* des portières immortalisées par cet éminent artiste.

Le seul trait que nous nous permettrons d'ajouter à cet idéal, qui ne peut manquer d'être d'une merveilleuse réalité, sera une bizarre coiffure composée d'une perruque à la Titus; perruque originairement blonde, mais nuancée par le temps d'une foule de tons roux et jaunâtres, bruns et fauves, qui émaillaient pour ainsi dire une confusion inextricable de mèches dures, roides, hérissées, emmêlées. Madame Pipelet n'abandonnait jamais cet unique et éternel ornement de son crâne sexagénaire.

A la vue de Rodolphe, la portière prononça d'un ton rogue ces mots sacramentels :

— Où allez-vous?

— Madame, il y a, je crois, une chambre et un cabinet à louer dans cette maison ? — demanda Rodolphe en appuyant sur le mot *madame*, ce qui ne flatta pas médiocrement madame Pipelet. Elle répondit moins aigrement :

— Il y a une chambre à louer au quatrième, mais on ne peut pas la voir... Alfred est sorti...

—Votre fils, sans doute, madame? Rentrera-t-il bientôt?

— Non, monsieur, ce n'est pas mon fils, c'est mon mari!... Pourquoi donc Pipelet ne s'appellerait-il pas Alfred?

— Il en a parfaitement le droit, madame; mais si vous le permettez, j'attendrai un moment son retour. Je tiendrais à louer cette chambre : le quartier et la rue me conviennent; la maison me plaît, car elle me semble admirablement bien tenue. Pourtant, avant de visiter le logement que je désire occuper, je voudrais savoir si vous pouvez, madame, vous charger de mon ménage? J'ai l'habitude de ne jamais employer que les *concierges*, toutefois quand ils y consentent.

Cette proposition, exprimée en termes si flatteurs : *concierge!...* gagna complétement madame Pipelet; elle répondit :

— Mais certainement, monsieur... je ferai votre ménage... je m'en honore, et pour six francs par mois vous serez servi comme un prince.

— Va pour les six francs. Madame... votre nom?

— Pomone-Fortunée-Anastasie Pipelet.

— Eh bien, madame Pipelet, je consens aux six francs par mois pour vos gages. Et si la chambre me convient.... quel est son prix?

— Avec le cabinet, 150 francs, monsieur; pas un liard à rabattre... le principal locataire est un chien... un chien qui tondrait sur un œuf.

— Et vous le nommez?

— Monsieur Bras-Rouge.

Ce nom, et les souvenirs qu'il éveillait, firent tressaillir Rodolphe.

—Vous dites, madame Pipelet, que le principal locataire se nomme?...

— Eh bien!... M. Bras-Rouge.

— Et il demeure?

— Rue aux Fèves, numéro 13; il tient aussi un estaminet dans les fossés des Champs-Élysées.

Il n'y avait plus à en douter, c'était le même homme... Cette rencontre semblait étrange à Rodolphe.

— Si M. Bras-Rouge est le principal locataire — dit-il — quel est le propriétaire de la maison ?

— M. Bourdon ; mais je n'ai jamais eu affaire qu'à M. Bras-Rouge.

Voulant mettre la portière en confiance, Rodolphe reprit :

— Tenez, ma chère madame Pipelet, je suis un peu fatigué; le froid m'a gelé... rendez-moi le service d'aller chez le rogomiste qui demeure dans la maison, vous me rapporterez un flacon de cassis et deux verres... ou plutôt trois verres, puisque votre mari va rentrer.

Et il donna cent sous à cette femme.

— Ah çà ! monsieur, vous voulez donc que du premier mot on vous adore? — s'écria la portière dont le nez bourgeonné sembla s'illuminer de tous les feux d'une bachique convoitise.

— Oui, madame Pipelet, je veux être adoré.

— Ça me chausse, ça me chausse; mais je n'apporterai que deux verres, moi et Alfred nous buvons toujours dans le même. Pauvre chéri, il est si friand pour tout ce qui est des femmes!!!

— Allez, madame Pipelet, nous attendrons Alfred...

— Ah çà! si quelqu'un vient... vous garderez la loge?

— Soyez tranquille.

La vieille sortit.

Resté seul, Rodolphe réfléchit à cette bizarre circonstance qui le rapprochait de Bras-Rouge; il s'étonna seulement de ce que François-Germain eût pu rester pendant trois mois dans cette maison avant d'être découvert par les complices du Maître d'école qui étaient en rapport avec Bras-Rouge.

A ce moment un facteur frappa aux carreaux de la loge, y passa le bras, tendit deux lettres en disant : « Trois sous! »

— Six sous, puisqu'il y a deux lettres — dit Rodolphe.

— Une d'affranchie — répondit le facteur.

Après avoir payé, Rodolphe regarda d'abord machinalement les deux lettres qu'on venait de lui remettre; mais bientôt elles lui semblèrent dignes d'un curieux examen.

L'une, adressée à madame Pipelet, exhalait à travers son enveloppe de papier satiné une forte odeur de sachet de *peau d'Espagne.* Sur son cachet de cire rouge on voyait ces deux lettres C. R., surmontées d'un casque et appuyées sur un support étoilé de la croix de la Légion-d'Honneur ; l'adresse était tracée d'une main ferme ; la prétention héraldique de ce casque et de cette croix fit sourire Rodolphe et le confirma dans l'idée que cette lettre n'était pas écrite par une femme.

Mais quel était le correspondant musqué, blasonné... de madame Pipelet ?

L'autre lettre, d'un papier gris et commun, fermée avec un pain à cacheter picoté de coups d'épingle, était pour *M. César Bradamanti, dentiste opérateur.*

Évidemment contrefaite, l'écriture de cette suscription se composait de lettres toutes majuscules.

Fut-ce pressentiment, fantaisie de son imagination ou réalité, cette lettre parut à Rodolphe d'une triste apparence. Il remarqua quelques lettres de l'adresse à demi effacées dans un endroit où le papier frippait légèrement.

Une larme était tombée là.

Madame Pipelet rentra, portant le flacon de cassis et deux verres.

— J'ai lambiné, n'est-ce pas, monsieur? mais une fois qu'on est dans la boutique du père Joseph, il n'y a pas moyen d'en sortir... Ah! le vieux possédé!... Croiriez-vous qu'avec une femme d'âge comme moi, il conte encore la gaudriole?

— Diable!... si Alfred savait cela?

— Ne m'en parlez pas, le sang me tourne rien que d'y songer. Alfred est jaloux comme un Bedouin; et pourtant, de la part du père Joseph, c'est l'histoire de rire, en tout bien, tout honneur.

— Voici deux lettres que le facteur a apportées — dit Rodolphe.

— Ah! mon Dieu... faites excuse, monsieur... Et vous avez payé?

— Oui.

— Vous êtes bien bon. Alors je vas vous retenir ça sur la monnaie que je vous rapporte... Combien est-ce?

— Trois sous — répondit Rodolphe en souriant du singulier mode de remboursement adopté par madame Pipelet.

— Comment! trois sous?... C'est six sous, il y a deux lettres.

— Je pourrais abuser de votre confiance en vous faisant retenir sur ma monnaie six sous au lieu de trois; mais j'en suis incapable, madame Pipelet... une des deux lettres, qui vous est adressée, est affranchie. Et, sans être indiscret, je vous ferai observer que vous avez là un correspondant dont les billets doux sentent furieusement bon.

— Voyons donc? — dit la portière en prenant la lettre satinée. — C'est, ma foi, vrai... ça a l'air d'un billet doux! Dites-donc, monsieur, un billet doux! Ah bien! par exemple.... quel est donc le polisson qui oserait?...

— Et si Alfred s'était trouvé là, madame Pipelet?

— Ne dites pas ça, ou je m'évanouis dans vos bras!

— Je ne le dis plus, madame Pipelet!

— Mais que je suis bête... m'y voilà — dit la portière en haussant les épaules — je sais...

je sais... c'est du *commandant*... Ah! quelle souleur j'ai eue! Mais ça n'empêche pas de compter : voyons, c'est trois sous pour l'autre lettre, n'est-ce pas? Ainsi nous disons : quinze sous de cassis et trois sous de port de lettre que je retiens, ça fait dix-huit; dix-huit et deux que voilà font vingt, et quatre francs font cent sous; les bons comptes font les bons amis.

— Et voilà vingt sous pour vous, madame Pipelet : vous avez une si miraculeuse manière de rembourser les avances qu'on a faites pour vous, que je tiens à l'encourager.

— Vingt sous! vous me donnez vingt sous!... Et pourquoi donc ça? — s'écria madame Pipelet d'un air à la fois alarmé et étonné de cette générosité fabuleuse.

— Ça sera un à-compte sur le denier à Dieu, si je prends la chambre.

— Comme ça, j'accepte; mais j'en préviendrai Alfred.

— Certainement; mais voici l'autre lettre, elle est adressée à M. *César Brandamanti*.

— Ah! oui... le dentiste du troisième... Je vas la mettre dans la *botte* aux lettres.

Rodolphe crut avoir mal entendu, mais il vit madame Pipelet jeter gravement la lettre dans une vieille botte à revers accrochée au mur.

Rodolphe la regardait avec surprise.

— Comment? — lui dit-il... — vous mettez cette lettre...

— Eh bien, monsieur, je la mets dans la *botte* aux lettres... Comme ça rien ne s'égare; quand les locataires rentrent, Alfred ou moi nous secouons la botte, on fait le triage, et chacun a son poulet.

— Votre maison est si parfaitement ordonnée, que cela me donne de plus en plus l'envie d'y demeurer; cette botte aux lettres surtout me ravit.

— Mon Dieu, c'est bien simple — reprit modestement madame Pipelet — Alfred avait cette vieille botte dépareillée : autant l'utiliser au service des locataires.

Ce disant, la portière avait décacheté la lettre qui lui était adressée, elle la tournait en tous sens; après quelques moments d'embarras, elle dit à Rodolphe :

— C'est toujours Alfred qui est chargé de

lire, parce que je ne le sais pas. Est-ce que vous voudriez bien... monsieur... être pour moi comme est Alfred?

— Pour lire cette lettre? volontiers — dit Rodolphe, très-curieux de connaître le correspondant de madame Pipelet.

Il lut ce qui suit sur un papier satiné, dans l'angle duquel on retrouvait le casque, les lettres C. R., le support héraldique et la croix d'honneur.

« Demain vendredi, à onze heures, on fera grand feu dans les deux pièces, et on nettoiera bien les glaces, et on ôtera les housses partout, en prenant bien garde d'écailler la dorure des meubles en époussetant. Si par hasard je n'étais pas arrivé lorsqu'une dame viendra en fiacre, sur les une heure, me demander sous le nom de *M. Charles*, on la fera monter à l'appartement, dont on descendra la clef, qu'on me remettra lorsque j'arriverai moi-même. »

Malgré la rédaction peu académique de ce billet, Rodolphe comprit parfaitement ce dont il s'agissait, et dit à la portière :

— Qui habite donc le premier étage?

La vieille approcha son doigt jaune et ridé de sa lèvre pendante, et répondit avec un malicieux ricanement :

— *Motus*... c'est des intrigues de femme.

— Je vous demande cela, ma chère madame Pipelet... parce qu'avant de loger dans une maison... on désire savoir...

— C'est tout simple... dis-moi *qui tu plantes... je te tirai qui tu plais*, n'est-ce pas ?

— J'allais vous le dire.

— Du reste, je peux bien vous communiquer ce que je sais là-dessus, ça ne sera pas long... Il y a environ six semaines, un tapissier est venu ici, a examiné le premier, qui était à louer, a demandé le prix, et le lendemain il est revenu avec un beau jeune homme blond, petites moustaches, croix d'honneur, beau linge. Le tapissier l'appelait... *commandant*.

— C'est donc un militaire ?

— Militaire ! — reprit madame Pipelet en haussant les épaules — allons donc !... c'est comme si Alfred s'intitulait concierge...

— Comment ?

— Il est tout bonnement de la garde nationale, dans l'état-major; le tapissier l'appelait commandant pour le flatter... de même que ça flatte Alfred quand on l'appelle concierge. Enfin, quand le *commandant* (nous ne le connaissons que sous ce nom-là) a eu tout vu, il a dit au tapissier : « C'est bon, ça me convient, arrangez ça, voyez le propriétaire. — Oui, commandant, » qu'a dit l'autre... — Et le lendemain le tapissier a signé le bail en son nom, à lui tapissier, avec M. Bras-Rouge, lui a payé six mois d'avance, parce qu'il paraît que le jeune homme ne veut pas être connu. Tout de suite après, les ouvriers sont venus tout démolir au premier; ils ont apporté des essophas, des rideaux en soie, des glaces dorées, des meubles superbes; aussi c'est beau comme dans un café des boulevards! Sans compter des tapis partout, et si épais et si doux qu'on dirait qu'on marche sur des bêtes... Quand ça a été fini, le commandant est revenu pour voir tout ça; il a dit à Alfred : — « Pouvez-vous vous charger d'entretenir cet appartement où je ne viendrai pas souvent, d'y faire du feu de temps en temps, et de tout préparer pour me recevoir

quand je vous l'écrirai par la petite poste?
— Oui, commandant, lui dit ce flatteur d'Alfred. — Et combien me prendrez-vous pour ça? — Vingt francs par mois, commandant.
— Vingt francs! Allons donc! vous plaisantez, portier! » — Et voilà ce beau fils à marchander comme un ladre, à carotter le pauvre monde. Voyez donc, pour une ou deux malheureuses pièces de cent sous, quand il fait des dépenses abominables pour un appartement qu'il n'habite pas! Enfin, à force de batailler, nous avons obtenu douze francs. Douze francs! Dites donc, si ça ne fait pas suer!... Commandant de deux liards, va! Quelle différence avec vous, monsieur! — ajouta la portière en s'adressant à Rodolphe d'un air agréable — vous ne vous faites pas appeler commandant, vous n'avez l'air de rien du tout, et vous êtes convenu avec moi de six francs du premier mot.

— Et depuis, ce jeune homme est-il revenu?

— Vous allez voir, c'est ça qui est le plus drôle; il paraît qu'on le fait joliment droguer, le commandant. Il a déjà écrit trois fois, comme aujourd'hui, d'allumer du feu, d'arranger tout, qu'il viendrait une dame. Ah bien oui! va t'en voir s'ils viennent!

— Personne n'a paru?

— Écoutez donc... La première des trois fois, le commandant est arrivé tout flambant, chantonnant entre ses dents et faisant le gros dos; il a attendu deux bonnes heures... personne; quand il a repassé devant la loge, nous le guettions, nous deux Pipelet, pour voir sa mine et le vexer en lui parlant. « Commandant, il n'est pas venu du tout du tout de petite dame vous demander, que je lui dis. — C'est bon, c'est bon! » — qui me répond, l'air tout honteux et tout furieux, et il part dare-dare, en se rongeant les ongles de colère. La seconde fois, avant qu'il n'arrive, un commissionnaire apporte une petite lettre adressée à M. Charles; je me doute bien que c'est encore flambe pour cette fois-là; nous en faisions des gorges chaudes avec Pipelet, quand le commandant arrive. « Commandant, que je dis en mettant le revers de ma main gauche à ma perruque, comme une vraie troupière, voilà une lettre; il paraît qu'il y a encore une contre-marche aujourd'hui ! » Il me regarde, fier comme Artaban, ouvre la lettre, la lit, devient rouge comme une écrevisse ; puis il nous dit, en faisant semblant de ne pas être contrarié : — « Je savais bien qu'on ne viendrait pas ; je suis venu pour vous recommander de tout bien surveiller. » — C'était pas vrai ; c'était pour nous cacher qu'on le faisait aller qu'il nous disait cela, et là-dessus il s'en va en tortillant et en chantant du bout des dents ; mais il était joliment vexé, allez... C'est bien fait ! c'est bien fait, commandant de deux liards ! ça t'apprendra à ne donner que douze francs par mois pour ton ménage.

— Et la troisième fois?

— Ah! la troisième fois j'ai bien cru que c'était pour de bon. Le commandant arrive sur son trente-six; les yeux lui sortaient de la tête, tant il paraissait content et sûr de son affaire... Bien beau jeune homme tout de même... et bien mis, et flairant comme une civette... Il ne posait pas à terre, tant il était gonflé... Il prend la clef et nous dit, en montant chez lui, d'un air goguenard et rengorgé, comme pour se revenger des autres fois : — « Vous préviendrez cette dame que la porte est tout contre... » Bon! nous deux Pipelet, nous étions si curieux de voir la petite dame, quoique nous n'y comptions pas beaucoup, que nous sortons de notre loge pour nous mettre à l'affût sur le pas de la porte de l'allée... Cette fois là, un petit fiacre bleu, à stores baissés, s'arrête devant chez nous. « Bon! c'est elle, que je dis à Alfred... Retirons-nous un peu pour ne pas l'effaroucher. » Le cocher ouvre la portière. Alors nous voyons une petite dame avec un manchon sur ses genoux et un voile noir qui lui cachait sa figure, sans compter son mouchoir qu'elle tenait sur sa bouche, car elle avait l'air de pleurer ; mais voilà-t-il pas qu'une fois le marchepied baissé, au lieu de descendre, la dame dit quelques mots au cocher, qui, tout étonné, referme la portière.

— Cette femme n'est pas descendue ?

— Non, monsieur ; elle s'est rejetée dans le

fond de la voiture en mettant ses mains sur ses yeux. Moi je me précipite, et, avant que le cocher ait remonté sur son siége, je lui dis : « Eh bien! mon brave... vous vous en retournez donc? — Oui, qu'il me dit. — Et où ça? que je lui demande. — D'où je viens. — Et d'où venez-vous? — De la rue Saint-Dominique, au coin de la rue Belle-Chasse. »

A ces mots, Rodolphe tressaillit.

Le marquis d'Harville, un de ses meilleurs amis, qu'une vive mélancolie accablait depuis quelque temps, ainsi que nous l'avons dit, demeurait rue Saint-Dominique, au coin de la rue Belle-Chasse.

Était-ce la marquise d'Harville qui courait ainsi à sa perte? Son mari avait-il des soupçons sur son inconduite? son inconduite... seule cause peut-être du chagrin dont il semblait dévoré!

Ces doutes se pressaient en foule à la pensée de Rodolphe. Cependant il connaissait la société intime de la marquise, et il ne se rappelait pas y avoir jamais vu quelqu'un qui ressemblât au *commandant*. La jeune femme dont il s'agissait pouvait, après tout, avoir pris un fiacre en cet endroit, sans demeurer dans cette rue. Rien ne prouvait à Rodolphe que ce fût la marquise. Néanmoins il conserva de vagues et pénibles soupçons.

Son air inquiet et absorbé n'avait pas échappé à la portière.

— Eh bien! monsieur, à quoi pensez-vous donc? — lui dit-elle.

— Je cherche pour quelle raison cette femme qui était venue jusqu'à cette porte... a changé tout à coup d'avis...

— Que voulez-vous, monsieur... une idée, une frayeur, une superstition... Nous autres pauvres femmes, nous sommes si faibles... si poltronnes... — dit l'horrible portière d'un air timide et effarouché. — Il me semble que si j'avais été comme ça en catimini... faire des traits à Alfred... j'aurais été obligée de reprendre mon élan je ne sais pas combien de fois; mais jamais, au grand jamais! Pauvre chéri... Il n'y a pas un habitant de la terre qui puisse se vanter...

— Je vous crois, madame Pipelet... mais cette jeune femme?...

— Je ne sais pas si elle était jeune; on ne voyait pas le bout de son nez... Toujours est-il qu'elle repart comme elle était venue, sans tambour ni trompette... On nous aurait donné 10 fr. à nous deux Alfred, que nous n'aurions pas été plus contents.

— Pourquoi cela ?

— En songeant à la mine qu'allait faire le commandant..... il devait y avoir de quoi crever de rire... bien sûr... D'abord, au lieu d'aller lui dire tout de suite que la dame était repartie... nous le laissons droguer et marronner une bonne heure.., Alors je monte : je n'avais que mes chaussons de lisière à mes pauvres pieds; j'arrive à la porte qui était tout contre... Je la pousse, elle crie; l'escalier est noir comme un four, l'entrée de l'appartement aussi... Voilà qu'au moment où j'entre, le commandant me prend dans ses bras en me disant d'un ton câlin : *Mon Dieu, mon ange, comme tu viens tard!...*

Malgré la gravité des pensées qui le dominaient, Rodolphe ne put s'empêcher de rire, surtout en voyant la grotesque perruque et l'abominable figure ridée, bourgeonnée, de l'héroïne de ce quiproquo ridicule.

Madame Pipelet reprit, avec une hilarité grimaçante qui la rendait plus hideuse encore :

— Eh, eh, eh! en voilà une bonne! mais vous allez voir... Moi je ne réponds rien, je retiens mon haleine, je m'abandonne au commandant... mais tout à coup le voilà qui s'écrie, en me repoussant, le grossier! d'un air aussi dégoûté que s'il avait touché une araignée : — « Mais qui diable est donc là? — C'est moi, commandant, madame Pipelet, la portière; c'est pour cela que vous devriez bien *taire* vos mains, ne pas me prendre la taille ni m'appeler votre ange, ni me dire que je viens trop tard... Si Alfred avait été là pourtant? — Que voulez-vous? — me dit-il furieux. — Commandant, la petite dame vient de venir en fiacre. — Eh bien! faites-la donc monter; vous êtes stupide; ne vous ai-je pas dit de la faire monter? » — Je le laisse aller, je le laisse aller. — « Oui, commandant, c'est vrai, vous m'avez dit de la faire monter? — Eh bien! — C'est que la petite dame... — Mais parlez donc! — C'est que la petite dame est repartie. — Allons, vous aurez dit ou fait quelque bêtise! — s'écria-t-il encore plus furieux. — Non, commandant, la petite dame n'a pas descendu de fiacre; quand le cocher a ouvert la portière, elle lui a dit de la remmener d'où elle était venue. — La voiture ne doit pas être loin! — s'écrie le commandant en se précipitant vers la porte. — Ah bien! oui, il y a plus d'une heure qu'elle est partie, que je lui réponds. — Une heure!... une heure! Et pourquoi avez-vous autant tardé à me prévenir? — s'écrie-t-il avec un redoublement de colère. — Dame... parce que nous craignions que ça vous contrarie trop de *n'avoir* pas *encore fait vos frais* cette fois-ci. » — Attrape! que je me dis, mirliflor, ça t'apprendra à avoir eu mal au cœur quand tu m'as touchée. — « Sortez d'ici, vous ne faites et ne dites que des sottises! » — s'écrie-t-il avec rage, en défaisant sa robe de chambre à la tartare et en jetant par terre son bonnet grec de velours brodé d'or... Beau bonnet tout de même... Et la robe de chambre donc! ça crevait les yeux; le commandant avait l'air d'un ver luisant...

— Et depuis, ni lui ni cette dame ne sont revenus?

— Non; mais attendez donc la fin de l'histoire... — dit madame Pipelet.

CHAPITRE VI.

LES TROIS ÉTAGES.

La fin de l'histoire, la voilà — reprit madame Pipelet. — Je dégringole retrouver Alfred. Justement il y avait dans notre loge la portière du n° 19 et l'écaillère qui perche à la porte du rogomiste; je leur raconte comme quoi le commandant m'avait appelée son ange et m'avait pris la taille... En voilà des rires! et Alfred, quoiqu'il soit bien mélan... oui, mélancolique, comme il appelle ça, quoiqu'il soit bien mélancolique depuis les traits de ce monstre de *Cabrion*...

Rodolphe regarda la portière avec étonnement.

— Oui, un jour, quand nous serons plus amis... vous saurez cela... Enfin tant il y a qu'Alfred, malgré sa mélancolie, se met à m'appeler son ange... A ce moment le commandant sort de chez lui et ferme sa porte pour s'en aller; mais comme il nous entendait rire, il n'ose plus descendre, de peur que nous nous moquions de lui, car il ne pouvait pas s'empêcher de passer devant la loge. Nous devinons le coup, et voilà l'écaillère qui, de sa grosse voix, se met à crier : *Pipelet, tu viens bien tard, mon ange!* Là-dessus le commandant rentre chez lui, et ferme sa porte avec un bruit affreux, en vrai rageur qu'il est, car cet homme-là doit être rageur comme un tigre... il a le bout du nez blanc... finalement il a ouvert plus de dix fois sa porte pour écouter s'il y avait toujours du monde à la loge... Il y en avait toujours, nous ne bougions pas... A la fin, voyant qu'on ne s'en allait pas, il a pris son parti, est descendu quatre à quatre, m'a jeté sa clef sans rien dire, et s'est en sauvé tout furieux au milieu de nos éclats de rire, et pendant que l'écaillère disait encore : — *Tu viens bien tard, mon ange!*

— Mais vous vous exposiez à ce que le commandant ne vous employât plus.

— Ah bien oui! il n'oserait pas... Nous le tenons... Nous savons où demeure sa *margot;* et s'il nous disait quelque chose, nous le menacerions d'éventer la mèche... Et puis, pour ses mauvais 12 fr., qui est-ce qui se chargerait de son ménage? Une femme du dehors? nous lui rendrions la vie trop dure à celle-là. Mauvais ladre, va! Enfin, monsieur, croiriez-vous qu'il a eu la petitesse de regarder à son bois, et d'éplucher le nombre de bûches qu'on a dû brûler en l'attendant?... C'est quelque parvenu, bien sûr, quelque rien du tout enrichi... Ça vous a une tête de seigneur et un corps de gueux; ça dépense par ici, ça lésine par là. Je ne lui veux pas d'autre mal; mais ça m'amuse drôlement que sa particulière le fasse aller... Je parie que demain ce sera encore la même chose. Je vas prévenir l'écaillère qui était ici l'autre fois; ça nous amusera. Si la petite dame vient, nous verrons si c'est une brunette ou une blondinette, et si elle est gentille. Dites donc, monsieur... quand on songe qu'il y a un benêt de mari là-dessous!... C'est joliment farce, n'est-ce pas? Mais ça le regarde, ce pauvre cher homme. Enfin demain nous verrons la petite dame; et, malgré son voile, il faudra bien qu'elle baisse joliment le nez pour que nous ne sachions pas de quelle couleur sont ses yeux... En voilà encore une *double-de-pas-honteuse!* comme on dit dans mon pays; ça vient chez un homme, et ça fait la frime d'avoir peur. Mais pardon, excuse... que je retire ma marmite de dessus le feu; elle a fini de chanter. C'est que le fricot demande à être mangé. C'est du gras-double... ça va égayer tant soit peu Alfred; car, comme il le dit lui-même : — Pour du gras-double il trahirait la France... sa belle France!... ce vieux chéri.

. . . .

Pendant que madame Pipelet s'occupait de ce détail ménager, Rodolphe se livrait à de tristes réflexions.

La femme dont il s'agissait (que ce fût ou non la marquise d'Harville) avait sans doute long-temps hésité, long-temps combattu avant d'accorder un premier et un second rendez-vous; puis, effrayée des suites de son imprudence, un remords salutaire l'avait probablement empêchée d'accomplir cette dangereuse promesse.

Enfin, cédant à un irrésistible entraînement, elle arrive éplorée, agitée de mille craintes, jusqu'au seuil de cette maison... mais au moment de se perdre à jamais, la voix du devoir se fait entendre : elle échappe encore une fois au déshonneur.

Et pour qui brave-t-elle tant de honte, tant de dangers !

Rodolphe connaissait le monde et le cœur humain ; il préjugea presque sûrement le caractère du *commandant*, d'après quelques traits ébauchés par la portière avec une naïveté grossière.

N'était-ce pas un homme assez niaisement orgueilleux pour tirer vanité de l'appellation d'un grade absolument insignifiant au point de vue militaire ; un homme assez dénué de tact pour ne pas s'envelopper du plus profond incognito, afin d'entourer d'un mystère impénétrable les coupables démarches d'une femme qui risquait tout pour lui ; un homme enfin si sot et si ladre, qu'il ne comprenait pas que pour ménager quelques louis il exposait sa maîtresse aux insolentes et ignobles railleries des gens de cette maison ?

Ainsi, le lendemain, poussée par une fatale influence, mais sentant l'immensité de sa faute, n'ayant pour se soutenir au milieu de ses terribles angoisses que sa foi aveugle dans la discrétion, dans l'honneur de l'homme à qui elle donne plus que sa vie, cette malheureuse jeune femme viendrait à ce rendez-vous... palpitante, éperdue; et il lui faudrait supporter les regards curieux et effrontés de quelques misérables... peut-être entendre leurs plaisanteries immondes.

Quelle honte!... quelle leçon!... quel réveil pour une femme égarée, qui jusqu'alors n'aurait vécu que des plus charmantes, des plus poétiques illusions de l'amour!

Et l'homme pour qui elle affronte tant d'opprobre, tant de périls, sera-t-il au moins touché des déchirantes anxiétés qu'il cause?

Non...

Pauvre femme!... la passion l'aveugle et la jette une dernière fois au bord de l'abîme... Un courageux effort de vertu la sauve encore... Que ressentira cet homme à la pensée de cette lutte douloureuse et sainte?

Il ressentira du dépit, de la colère, de la

rage, en songeant qu'il s'est dérangé trois fois pour rien, et que sa sotte fatuité est gravement compromise... aux yeux de son portier...

Enfin, dernier trait d'insigne et grossière maladresse : cet homme parle de telle sorte, s'habille de telle sorte pour cette première entrevue, qu'il doit faire mourir de confusion et de honte une femme déjà écrasée sous le poids de la confusion et de la honte!

Oh! pensait Rodolphe, quel terrible enseignement si cette femme (qui m'est inconnue, je l'espère) avait pu entendre dans quels termes hideux on parlait d'une démarche, coupable sans doute, mais qui lui coûtait tant d'amour, tant de larmes, tant de terreurs, tant de remords!

Et puis, en songeant que la marquise d'Harville pouvait être la triste héroïne de cette aventure, Rodolphe se demandait par quelle aberration, par quelle fatalité M. d'Harville, jeune, spirituel, dévoué, généreux, et surtout tendrement épris de sa femme, pouvait être sacrifié à un être nécessairement niais, avare, égoïste et ridicule. La marquise s'était-elle donc seulement éprise de la figure de cet homme, que l'on disait très-beau?

Rodolphe connaissait cependant madame d'Harville pour une femme de cœur, d'esprit et de goût, d'un caractère plein d'élévation ; jamais le moindre propos n'avait effleuré sa réputation. Où avait-elle connu cet homme? Rodolphe la voyait assez fréquemment, et il ne se souvenait pas d'avoir rencontré personne à l'hôtel d'Harville qui lui rappelât le *commandant*. Après de mûres réflexions, il finit presque par se persuader qu'il ne s'agissait pas de la marquise.

Madame Pipelet, ayant accompli ses devoirs culinaires, reprit son entretien avec Rodolphe.

— Qui habite le second? — demanda-t-il à la portière.

— C'est la mère Burette, une fière femme pour les cartes... Elle lit dans votre main comme dans un livre. Il y a des personnes très comme il faut qui viennent chez elle pour se faire dire leur bonne aventure... et elle gagne plus d'argent qu'elle n'est grosse... Et pourtant ce n'est qu'un de ses métiers d'être devineresse.

—Que fait-elle donc encore?

—Elle tient comme qui dirait un petit *mont* (1) bourgeois.

—Comment?

—Je vous dis ça, parce que vous êtes jeune homme et que ça ne peut que vous fortifier dans l'idée de devenir notre locataire.

—Pourquoi donc?

—Une supposition : nous voilà bientôt dans les jours gras, la saison où poussent les pierrettes et les débardeurs, les turcs et les sauvages; dans cette saison-là les plus calés sont quelquefois gênés... Eh bien! c'est toujours commode d'avoir une ressource dans sa maison, au lieu d'être obligé de courir chez *ma tante!*... où c'est bien plus humiliant... car on y va au vu et su de tout le gouvernement.

—Chez votre *tante?*... elle prête donc sur gages?

—Comment, vous ne savez pas?... Allez donc, allez donc, farceur!...Vous faites l'innocent, à votre âge!...

(1) Mont-de-Piété.

— Je fais l'innocent ? en quoi, madame Pipelet ?

— En me demandant si c'est *ma tante* qui prête sur gages.

— Parce que ?

— Parce que tous les jeunes gens en âge de raison savent qu'aller mettre quelque chose au Mont-de-Piété, ça se dit *aller chez ma tante*.

— Ah! je comprends... la locataire du second prête aussi sur gages?...

— Allons donc, monsieur le sournois, certainement qu'elle prête sur gages... et moins cher qu'au *grand Mont*... et puis, c'est pas embrouillé du tout... on n'est pas embarrassé d'un tas de paperasses, de reconnaissances, de chiffres... du tout, du tout... Une supposition : on apporte à la mère Burette une chemise qui vaut 3 francs: elle vous prête 10 sous; au bout de huit jours, vous lui en rapportez 20... sinon elle garde la chemise... Comme c'est simple, hein ?... toujours des comptes ronds... un enfant comprendrait ça.

— C'est fort clair, en effet; mais je croyais

qu'il était défendu de prêter ainsi sur gages.

— Ah! ah! ah! — s'écria madame Pipelet en riant aux éclats — vous sortez donc de votre village, jeune homme?... pardon... mais je vous parle comme si je serais votre mère... et que vous seriez mon enfant...

— Vous êtes bien bonne.

— Sans doute que c'est défendu de prêter sur gages... mais si on ne faisait que ce qui est permis, dites-donc, on resterait joliment souvent les bras croisés. La mère Burette n'écrit pas, ne donne pas de reçu... il n'y a pas de preuves contre elle... elle se moque de la police. C'est joliment drôle, allez, les *bazars* qu'on voit porter chez elle... Vous ne croiriez pas sur quoi elle prête quelquefois?... je l'ai vue prêter sur un perroquet gris... qui jurait bien comme un possédé, le gredin...

— Sur un perroquet?... mais quelle valeur...

— Attendez donc... il était connu; c'était le perroquet de la veuve d'un facteur qui demeure ici près, rue Sainte-Avoie, madame d'Herbelot; on savait qu'elle tenait autant à son perroquet qu'à sa peau; la mère Burette lui a dit : Je vous prête 10 fr. sur votre bête; mais si dans huit jours, à midi, je n'ai pas mes 20 fr...

— Ses 10 fr.

— Avec les intérêts ça faisait juste 20 fr.; toujours des comptes ronds... si je n'ai pas mes 20 fr. et les frais de nourriture, je donne à Jacquot une petite salade de persil... assaisonnée à l'arsenic. Elle connaissait bien sa pratique, allez... Avec cette peur-là, la mère Burette a eu ses 20 fr. au bout de sept jours... et madame d'Herbelot a remporté sa vilaine bête, qui *perforait* toute la journée des F., des S. et des B, que ça en faisait rougir Alfred, qui est très-bégueule... C'est tout simple, son père était curé... dans la Révolution, vous savez... il y a des curés qui ont épousé des religieuses...

— Et la mère Burette n'a pas d'autre métier, je suppose?

— Elle n'en a pas d'autre... si vous voulez. Pourtant, je ne sais pas trop ce que c'est qu'une espèce de manigance qu'elle tripote quelquefois dans une petite chambre où personne n'entre, excepté M. Bras-Rouge et une vieille borgnesse qu'on appelle la Chouette.

Rodolphe regarda la portière avec étonnement.

Celle-ci, en interprétant la surprise de son futur locataire, lui dit :

— C'est un drôle de nom, n'est-ce pas, la Chouette ?

— Oui; et cette femme vient souvent ici ?

— Elle n'avait pas paru depuis six semaines; mais avant-hier nous l'avons vue; elle boitait un peu.

— Et que vient-elle faire chez cette diseuse de bonne aventure ?

— Voilà ce que je ne sais pas; du moins, quant à la manigance de la petite chambre dont je vous parle, où la Chouette entre seule avec M. Bras-Rouge et la mère Burette, j'ai seulement remarqué que, ces jours-là, la borgnesse apporte toujours un paquet dans son cabas, et M. Bras-Rouge un paquet sous son manteau, mais qu'ils ne remportent jamais rien.

— Et ces paquets, que contiennent-ils?

— Je n'en sais rien de rien, sinon qu'ils font avec ça une ratatouille du diable; car on sent comme une odeur de soufre, de charbon et d'étain fondu en passant sur l'escalier, et puis on les entend souffler, souffler, souffler... comme des forgerons. Bien sûr que la mère Burette manigance par rapport à la bonne aventure ou à la magie... du moins, c'est ce que m'a dit M. César Bradamanti, le locataire du troisième. Voilà un particulier savant, que M. César! Quand je dis un particulier, c'est un Italien, quoiqu'il parle français aussi bien que vous et moi, sauf qu'il a beaucoup d'accent; mais c'est égal, voilà un savant! et qui connaît les simples... et qui vous arrache les dents, pas pour de l'argent, mais pour l'honneur... Oui, monsieur... pour le pur honneur; vous auriez six mauvaises dents, il le dit lui-même à qui veut l'entendre, il vous arracherait les cinq premières pour rien... il ne vous ferait jamais payer que la sixième. Ça n'est pas de sa faute si vous n'avez que la sixième.

— C'est généreux!

—Il vend par là-dessus une eau très-bonne qui empêche les cheveux de tomber, guérit les maux d'yeux, les cors aux pieds, les faiblesses d'estomac, et détruit les rats sans arsenic...

—Cette même eau qui guérit les faiblesses d'estomac?...

—Cette même eau.

—Elle détruit aussi les rats?

—Sans en manquer un, parce que ce qui est très-sain à l'homme est très-malsain aux animaux.

—C'est juste, madame Pipelet, je n'avais pas songé à cela.

—Et la preuve que c'est une très-bonne eau, c'est qu'elle est faite avec des simples que M. César a récoltés dans les montagnes du Liban, du côté de chez des espèces d'Américains d'où il a aussi ramené son cheval qui a l'air d'un tigre; il est tout blanc, picoté de taches baies; tenez, quand M. César Bradamanti est monté sur sa bête avec son habit rouge à revers jaunes et son chapeau à plumet.... on paierait pour le voir; car, parlant par respect, il ressemble à Judas Iscariote avec sa grande barbe rousse. Depuis un mois il a engagé le fils à M. Bras-Rouge, le petit Tortillard, qu'il a habillé comme qui dirait en troubadour, avec une toque noire, une collerette et une jaquette abricot; il bat du tambour à l'entour de M. César, pour attirer les pratiques, sans compter que le petit soigne le cheval tigré du dentiste.

— Il me semble que le fils de votre principal locataire remplit là un emploi bien modeste.

— Son père dit qu'il veut lui faire manger de la vache enragée, à cet enfant; que sans ça il finirait sur un échafaud... Au fait, c'est bien le plus malin singe... et méchant... il a fait plus d'un tour à ce pauvre M. César Bradamanti, qui est la crème des honnêtes gens. Vu qu'il a guéri Alfred d'un rhumatisme, nous le portons dans notre cœur. Eh bien! monsieur, il y a des gens assez dénaturés pour... mais non, ça fait dresser les cheveux sur la tête! Alfred dit que si c'était vrai il y aurait cas de galères.

— Mais encore?...

— Ah! je n'ose pas, je n'oserai jamais...

— N'en parlons plus....

— C'est que, foi d'honnête femme... dire ça à un jeune homme...

— N'en parlons plus, madame Pipelet.

— Au fait, comme vous serez notre locataire, il vaut mieux que vous soyez prévenu que c'est des mensonges. Vous êtes, n'est-ce pas, en position de faire amitié et société avec M. Bradamanti; si vous aviez cru à ces bruits-là, ça vous aurait peut-être dégoûté de sa connaissance.

— Parlez, je vous écoute.

— On dit que quand... des fois une jeune fille a fait une sottise... vous comprenez... n'est-ce pas? et qu'elle en craint les suites...

— Eh bien?

— Tenez, voilà que je n'ose plus...

— Mais encore?...

— Non; d'ailleurs, c'est des bêtises...

— Dites toujours.

— Des mensonges.

— Dites toujours.

— C'est des mauvaises langues.

— Mais encore?...

— Des gens qui sont jaloux du cheval tigré de M. César.

— A la bonne heure; mais enfin que disent-ils?

— Ça me fait honte.

— Mais quel rapport y a-t-il entre une petite fille qui a fait une faute et le charlatan?

— Je ne dis pas que ça soit vrai!

— Mais, au nom du ciel, quoi donc? — s'écria Rodolphe, impatienté des réticences bizarres de madame Pipelet.

— Ecoutez, jeune homme — reprit la portière d'un air solennel — vous me jurez sur l'honneur de ne jamais répéter ça... à personne.

— Quand je saurai ce que c'est, je vous ferai, oui ou non, ce serment.

— Si je vous dis ça, ce n'est pas à cause des 6 fr. que vous m'avez promis, ni à cause du cassis...

— Bien, bien.

— C'est à cause de la confiance que vous m'inspirez.

— Soit...

— Et pour servir ce pauvre M. César Bradamanti en le disculpant.

— Votre intention est excellente, je n'en doute pas; eh bien?

— On dit donc... mais que ça ne sorte pas de la loge au moins...

— Certainement; l'on dit donc...

— Allons, voilà que je n'ose plus encore une fois; mais tenez... je vas vous dire ça à l'oreille, ça me fera moins d'effet... Dites donc comme je suis enfant, hein?

Et la vieille murmura tout bas quelques mots à Rodolphe, qui tressaillit d'épouvante.

— Oh! mais c'est affreux... — s'écria-t-il en se levant par un mouvement machinal et regardant autour de lui presque avec terreur, comme si cette maison eût été maudite.

— Mon Dieu! mon Dieu! — murmura-t-il à demi-voix dans une stupeur douloureuse, — de si abominables crimes sont-ils donc possibles! Et cette hideuse vieille, qui est presque indifférente à l'horrible révélation qu'elle vient de me faire!...

La portière n'entendit pas Rodolphe, et reprit en continuant de s'occuper de son ménage :

— N'est-ce pas que c'est un tas de mauvaises langues? Comment! un homme qui a guéri Alfred d'un rhumatisme, un homme qui a ramené un cheval tigré du Liban, un homme qui vous propose de vous arracher cinq dents gratis sur six, un homme qui a des certificats de toute l'Europe, et qui paie son terme rubis sur l'oncle. Ah! bien oui... plutôt la mort que de croire ça!...

Pendant que madame Pipelet manifestait son indignation contre les calomniateurs, Rodolphe se rappelait la lettre adressée à ce charlatan, lettre écrite sur gros papier, d'une écriture contrefaite et à moitié effacée par les traces d'une larme.

Dans cette larme, dans cette lettre mystérieuse adressée à cet homme, Rodolphe vit un drame.

Un terrible drame...

Un pressentiment involontaire lui disait que les bruits atroces qui couraient sur l'Italien étaient fondés.

— Tenez, voilà Alfred!...— s'écria la portière— il vous dira comme moi que c'est des méchantes langues qui accusent d'horreurs ce pauvre M. César Bradamanti, qui l'a guéri d'un rhumatisme.

CHAPITRE VII.

MONSIEUR PIPELET.

Nous rappellerons au lecteur que ces faits se passaient en 1838.

. . . .

M. Pipelet entra dans la loge d'un air grave, magistral; il avait soixante ans environ, un nez énorme, un embonpoint respectable, une grosse figure taillée et enluminée à la façon des *bonshommes casse-noisettes* de Nuremberg. Ce masque étrange était coiffé d'un chapeau tromblon à larges bords, roussi de vétusté.

Alfred, qui ne quittait pas plus ce chapeau que sa femme ne quittait sa perruque fantastique, se prélassait dans un vieil habit vert à basques immenses, aux revers pour ainsi dire plombés de souillures, tant ils paraissaient çà et là d'un gris luisant. Malgré son chapeau tromblon et son habit vert, qui n'étaient pas sans un certain cérémonial, M. Pipelet n'avait pas déposé le modeste emblème de son métier : un tablier de cuir dessinait son triangle fauve sur un long gilet diapré d'autant de couleurs que la courte-pointe arlequin de madame Pipelet.

Le salut que le portier fit à Rodolphe ne manqua pas d'une certaine affabilité; mais, hélas! le sourire de cet homme était bien amer...

On y lisait l'expression d'une profonde mélancolie, ainsi que madame Pipelet l'avait dit à Rodolphe.

— Alfred, monsieur est un locataire pour la chambre et le cabinet du quatrième — dit madame Pipelet en présentant Rodolphe à Alfred — et nous t'avons attendu pour boire un verre de cassis qu'il a fait venir.

Cette attention délicate mit à l'instant M. Pipelet en confiance avec Rodolphe; le portier porta la main au rebord antérieur de son chapeau, et dit, d'une voix de basse digne d'un chantre de cathédrale :

— Nous vous satisferons, monsieur, comme portiers, de même que vous nous satisferez comme locataire; qui se ressemble s'assemble...

Puis, s'interrompant, M. Pipelet dit à Rodolphe avec anxiété :

— A moins pourtant, monsieur, que vous ne soyez peintre?

— Non, je suis commis-marchand.

— Alors, monsieur, à vous rendre mes humbles devoirs. Je félicite la nature de ne pas vous avoir fait naître l'égal de ces monstres d'artistes!

— Les artistes... des monstres? — demanda Rodolphe.

M. Pipelet, au lieu de répondre, leva ses deux mains au plafond de sa loge et fit entendre une sorte de gémissement courroucé.

— C'est les peintres qui ont empoisonné la vie d'Alfred. C'est eux qui lui ont fait la mélancolie dont je vous parlais — dit tout bas madame Pipelet à Rodolphe. Puis elle reprit plus haut et d'un ton caressant : — Allons, Alfred, sois raisonnable, ne pense pas à ce polisson-là... tu vas te faire du mal, tu ne pourras pas dîner.

— Non, j'aurai du courage et de la raison — répondit M. Pipelet avec une dignité triste et résignée. — Il m'a fait bien du mal... Il a été mon persécuteur... mon bourreau... pendant bien long-temps; mais maintenant je le méprise... Les peintres! — ajouta-t-il en se tournant vers Rodolphe — ah! monsieur, c'est la peste d'une maison... c'est son bacchanal, c'est sa ruine.

— Vous avez logé un peintre?

— Hélas! oui, monsieur, nous en avons logé un! — dit M. Pipelet avec amertume — un peintre qui s'appelait Cabrion encore!

A ce souvenir, malgré son apparente modération, le portier ferma convulsivement les poings.

— Était-ce le dernier locataire qui a occupé la chambre que je viens louer? — demanda Rodolphe.

— Non, non, le dernier locataire était un

brave, un digne jeune homme, nommé
M. Germain ; mais avant lui c'était Cabrion.
Ah ! monsieur, depuis son départ ce Cabrion
a manqué me rendre fou, hébété...

— L'auriez-vous regretté à ce point?—demanda Rodolphe.

— Cabrion, regretté! — reprit le portier
avec stupeur ; — regretter Cabrion! mais figurez-vous donc, monsieur, que M. Bras-Rouge lui a payé deux termes pour le faire
déguerpir d'ici ; car on avait été assez malheureux pour lui faire un bail. Quel garnement! Vous n'avez pas une idée, monsieur,
des horribles tours qu'il nous a joués, à nous
et aux locataires. Pour ne parler que d'un
seul de ces tours, il n'y a pas un instrument à
vent dont il n'ait fait bassement son complice
pour démoraliser les locataires ! Oui, monsieur, depuis le cor de chasse jusqu'au serpent,
monsieur!... il a abusé de tout, poussant la
vilenie jusqu'à jouer faux, et exprès, la même
note pendant des heures entières. C'était à en
devenir fou. On a fait plus de vingt pétitions
au principal locataire, M. Bras-Rouge, pour

qu'il chassât ce gueux-là. Enfin, monsieur, on y parvint en lui payant deux termes... C'est drôle, n'est-ce pas? un locataire à qui on paie des termes! mais on lui en aurait payé trois pour s'en dépêtrer. Il part... Vous croyez peut-être que c'est fini du Cabrion? Vous allez voir! Le lendemain, à onze heures du soir, j'étais couché : — Pan! pan! pan! — Je tire le cordon. On vient à la loge. — Bonsoir, portier — dit une voix — voulez-vous me donner une mèche de vos cheveux, s'il vous plaît! — Mon épouse me dit : C'est quelqu'un qui se trompe de porte. Et je réponds à l'inconnu : — Ce n'est pas ici; voyez à côté. — Pourtant, c'est bien ici le numéro 17? Le portier s'appelle bien Pipelet?— reprend la voix. — Oui — que je dis — je m'appelle bien Pipelet. — Eh bien! Pipelet, mon ami, je viens vous demander une mèche de vos cheveux pour Cabrion; c'est son idée, il y tient, il en veut.

M. Pipelet regarda Rodolphe en secouant la tête et en se croisant les bras dans une attitude sculpturale.

— Vous comprenez, monsieur?.. C'est à

moi, son ennemi mortel, à moi qu'il avait abreuvé d'outrages, qu'il venait impudemment demander une mèche de mes cheveux, une faveur que les dames refusent même quelquefois à leur bien-aimé!...

— Encore si ce Cabrion avait été bon locataire comme M. Germain! — reprit Rodolphe avec un sang-froid imperturbable.

— Eût-il été bon locataire... je ne lui aurais pas davantage accordé cette mèche — dit majestueusement l'homme au chapeau tromblon — ce n'est ni dans mes principes ni dans mes habitudes; mais je me serais fait un devoir, une loi, de la lui refuser poliment.

— Ce n'est pas tout — reprit la portière — figurez-vous, monsieur, que depuis ce jour-là, le matin, le soir, la nuit, à toute heure, cet affreux Cabrion avait déchaîné une nuée de rapins qui venaient ici l'un après l'autre demander à Alfred une mèche de ses cheveux... toujours pour Cabrion!

— Et vous pensez si j'ai cédé! — dit M. Pipelet d'un air déterminé — on m'aurait plutôt traîné à l'échafaud, monsieur! Après trois ou quatre mois d'opiniâtreté de leur part, de résistance de la mienne, mon énergie a triomphé de l'acharnement de ces misérables... Ils ont vu qu'ils s'attaquaient à une barre de fer, et ils ont été bien forcés de renoncer à leurs insolentes prétentions. Mais c'est égal, monsieur, j'ai été frappé là ! — Alfred porta la main à son cœur. — J'aurais eu commis des crimes affreux, que je n'aurais pas eu un sommeil plus bourrelé. A chaque instant, je me réveillais en sursaut, croyant entendre la voix de ce damné Cabrion. Je me défiais de tout le monde.... dans chacun je supposais un ennemi; je perdais mon aménité. Je ne pouvais voir une figure étrangère se présenter au carreau de la loge, sans frémir en pensant que c'était peut-être quelqu'un de la bande à Cabrion. Et même encore maintenant, monsieur, je suis soupçonneux, renfrogné, sombre, épilogueur comme un malfaiteur... je crains d'épanouir mon âme à la moindre nouvelle connaissance, de peur d'y voir surgir quelques-uns de la bande à Cabrion; je n'ai de goût à rien.

Ici madame Pipelet porta son index à son œil gauche, comme pour essuyer une larme, et fit un signe de tête affirmatif.

Alfred continua d'un ton de plus en plus lamentable :

— Enfin, je me recroqueville sur moi-même, et c'est ainsi que je vois couler le fleuve de la vie. Avais-je tort, monsieur, de vous dire que cet infernal Cabrion avait empoisonné mon existence?

Et M. Pipelet, poussant un profond soupir, inclina son chapeau-tromblon sous le poids de cette immense infortune.

— Je conçois maintenant que vous n'aimiez pas les peintres — dit Rodolphe ; — mais du moins ce M. Germain, dont vous parlez, vous a dédommagé de M. Cabrion?

— Oh! oui, monsieur... voilà un bon et digne jeune homme, franc comme l'or, serviable, et pas fier, et gai... mais d'une bonne gaieté, qui ne faisait de mal à personne, au lieu d'être insolent et goguenard comme ce Cabrion, que Dieu confonde!

— Allons, calmez-vous, mon cher monsieur

Pipelet, ne prononcez pas ce nom-là. Et maintenant quel est le propriétaire assez heureux pour posséder M. Germain, cette perle des locataires?

— Ni vu ni connu... personne ne sait ni ne saura où demeure à cette heure M. Germain. Quand je dis personne... excepté mademoiselle Rigolette.

— Et qu'est-ce que mademoiselle Rigolette? — demanda Rodolphe.

— Une petite ouvrière, l'autre locataire du quatrième.... — reprit madame Pipelet. — Voilà une autre perle !.. payant son terme d'avance... et si proprette dans sa chambrette, et si gentille pour tout le monde, et si gaie... un véritable oiseau du bon Dieu, pour être avenante et joyeuse.... avec ça travailleuse comme un petit castor, gagnant quelquefois jusqu'à ses deux francs par jour... mais dame! avec bien du mal.

— Mais comment mademoiselle Rigolette est-elle la seule qui sache la demeure de M. Germain?

— Quand il a quitté la maison — reprit

madame Pipelet—il nous a dit : « Je n'attends pas de lettres; mais si par hasard il m'en arrivait, vous les remettriez à mademoiselle Rigolette. » Et en ça elle était digne de sa confiance... quand même la lettre serait chargée. N'est-ce pas, Alfred?

— Le fait est qu'il n'y aurait rien à dire sur le compte de mademoiselle Rigolette — dit sévèrement le portier — si elle n'avait pas eu la faiblesse de se laisser cajoler par cet infâme Cabrion.

— Pour ce qui est de ça, Alfred — reprit la portière — tu sais bien que ce n'est pas de la faute de mademoiselle Rigolette... ça tient au local... car ç'a été tout de même avec le commis-voyageur qui occupait la chambre avant Cabrion, comme après ce méchant peintre ç'a été M. Germain qui la cajolait; encore une fois, ça ne peut pas être autrement, ça tient au local...

— Ainsi — dit Rodolphe — les locataires de la chambre que je veux louer font nécessairement la cour à mademoiselle Rigolette?

— Nécessairement, monsieur; vous allez

comprendre ça. On est voisin avec mademoiselle Rigolette... les deux chambres se touchent; eh bien, entre jeunesses... c'est une lumière à allumer, un petit peu de braise à emprunter... ou bien de l'eau... Oh! quant à l'eau, on est sûr d'en trouver chez mademoiselle Rigolette, elle n'en manque jamais, c'est son luxe, c'est un vrai petit canard : dès qu'elle a un moment, elle est tout de suite à laver ses carreaux, son foyer... Aussi c'est toujours si propre chez elle!.. vous verrez ça...

— Ainsi M. Germain, eu égard à la localité, a donc été, comme vous dites, bon voisin avec mademoiselle Rigolette?

— Oui, monsieur, et c'est le cas de dire qu'ils étaient nés l'un pour l'autre. Si gentils, si jeunes, ils faisaient plaisir à voir descendre les escaliers, le dimanche, leur seul jour de congé à ces pauvres enfants! elle, bien attifée d'un joli bonnet et d'une jolie robe à vingt-cinq sous l'aune, qu'elle se fait elle-même, mais qui lui allait comme à une petite reine; lui, mis en vrai muscadin!

— Et M. Germain n'a plus revu mademoiselle Rigolette depuis qu'il a quitté cette maison?

— Non, monsieur; à moins que ça ne soit le dimanche, car les autres jours mademoiselle Rigolette n'a pas le temps de penser aux amoureux, allez! Elle se lève à cinq ou six heures, et travaille jusqu'à dix, quelquefois onze heures du soir; elle ne quitte jamais sa chambre, excepté le matin pour aller acheter sa provision pour elle et pour ses deux serins, et à eux trois ils ne mangent guère, allez!... Qu'est-ce qu'il leur faut? Deux sous de lait, un peu de pain, du mouron, de la salade, du millet et de la belle eau claire; ce qui ne les empêche pas de babiller et de gazouiller tous les trois, la petite et ses deux oiseaux, que c'est une bénédiction!... Avec ça, bonne et charitable en ce qu'elle peut... c'est-à-dire de son temps de sommeil et de ses soins; car, en travaillant quelquefois plus de douze heures par jour, c'est tout juste si elle gagne de quoi vivre... Tenez, ces malheureux des mansardes... que M. Bras-Rouge va mettre sur le pavé pas plus tard que dans trois ou quatre jours,.. mademoiselle Rigolette et M. Germain ont veillé leurs enfants pendant plusieurs nuits !

— Il y a donc une famille malheureuse ici ?

— Malheureuse, monsieur ! Dieu de Dieu.. je le crois bien. Cinq enfants en bas âge, la mère au lit, presque mourante, la grand'mère idiote ; et pour nourrir tout ça, un homme qui ne mange pas du pain tout son soûl en trimant comme un nègre ; car c'est un fameux ouvrier !... Trois heures de sommeil sur vingt-quatre, voilà tout ce qu'il prend, et encore... quel sommeil !... quand on est réveillé par des enfants qui crient : « Du pain ! » par une femme malade qui gémit sur sa paillasse... ou par la vieille idiote, qui se met quelquefois à rugir comme une louve... de faim aussi... car elle n'a par plus de raison qu'une bête... Quand elle a pas trop envie de manger... on l'entend des escaliers... elle hurle...

— Ah ! c'est affreux ! — s'écria Rodolphe ; — et personne ne les secourt ?

— Dame ! monsieur... on fait ce qu'on peu entre pauvres gens. Depuis que le commandant me donne ses 12 francs par mois pour faire son ménage, je mets le pot au feu une fois la semaine, et ces malheureux d'en haut ont du bouillon... Mademoiselle Rigolette prend sur ses nuits, et dame! ça lui coûte toujours de l'éclairage, pour faire, avec des rognures d'étoffes, des brassières et des béguins aux petits... Ce pauvre M. Germain, qu'était pas bien calé non plus, faisait semblant de recevoir de temps en temps quelques bonnes bouteilles de vin de chez lui... et Morel... (c'est le nom de l'ouvrier) buvait un ou deux fameux coups qui le réchauffaient et lui mettaient pour un moment du cœur au ventre.

— Et le charlatan ne faisait-il rien pour ces pauvres gens?

— M. Bradamanti?... — dit le portier; — il m'a guéri mon rhumatisme, c'est vrai, je le vénère; mais dès ce jour-là... j'ai dit à mon épouse : — Anastasie... M. Bradamanti... Hum!... hum!... te l'ai-je dit, Anastasie?

— C'est vrai, tu me l'as dit... mais il aime à rire, cet homme!... du moins à sa manière, car il ne desserre pas les dents pour cela.

— Qu'a-t-il donc fait?

— Voilà, monsieur : quand je lui ai parlé de la misère des Morel, à propos de ce qu'il se plaignait que la vieille idiote avait hurlé de faim toute la nuit, et que lui ça l'avait empêché de dormir... il m'a dit : — « Puisqu'ils sont si malheureux, s'ils ont des dents à arracher, je ne leur ferai pas même payer la sixième, et je leur donnerai une bouteille de mon eau à moitié prix. »

— Eh bien ! — s'écria M. Pipelet — quoiqu'il m'ait guéri de mon rhumatisme, je maintiens que c'est une plaisanterie indécente... Mais il n'en fait jamais d'autres... Et encore si elles n'étaient qu'indécentes !

— Songe donc, Alfred, qu'il est Italien, et que c'est peut-être la manière de plaisanter chez eux.

— Décidément, madame Pipelet — dit Rodolphe — j'ai mauvaise opinion de cet homme, et je ne ferai pas, comme vous dites, ni amitié, ni société avec lui... Et la prêteuse sur gages a-t-elle été plus charitable ?

— Hum ! dans les prix de M. Bradamanti — dit la portière ; — elle leur a prêté sur leurs pauvres hardes... Tout y a passé, jusqu'à leur dernier matelas; c'est pas l'embarras, ils n'en ont jamais eu que deux...

— Et maintenant, elle ne les aide pas?

— La mère Burette? Ah! bien oui! elle est aussi chiche dans son espèce que son amoureux dans la sienne; car, dites donc! M. Bras-Rouge et la mère Burette... — ajouta la portière avec un clignement d'yeux et un hochement de tête extraordinairement malicieux.

— Vraiment? — dit Rodolphe.

— Je crois bien... à mort!... Et allez donc! les étés de la Saint-Martin sont aussi chauds que les autres, n'est-ce pas, vieux chéri?

M. Pipelet, pour toute réponse, agita mélancoliquement son chapeau-tromblon.

Depuis que madame Pipelet avait fait montre d'un sentiment de charité à l'égard des malheureux des mansardes, elle semblait moins repoussante à Rodolphe.

— Et quel est l'état de ce pauvre ouvrier?

— Lapidaire en faux; il travaille à la pièce... et tant, et tant qu'il s'est contrefait à ce métier-là; vous le verrez... Après tout, un homme est un homme, et il ne peut que ce qu'il peut, n'est-ce pas? Et quand il faut donner la pâtée à une famille de sept personnes, sans se compter, il y a du tirage!... Et encore sa fille aînée l'aide de ce qu'elle peut, et ça n'est guère !

— Et quel âge a cette fille?

— Dix-sept ans, et belle, belle... comme le jour; elle est servante chez un vieux grigou... riche à acheter Paris, un notaire, M. Jacques Ferrand.

— M. Jacques Ferrand? — dit Rodolphe, étonné de cette nouvelle rencontre, car c'était chez ce notaire, ou du moins près de sa gouvernante, qu'il devait prendre les renseignements relatifs à la Goualeuse. — M. Jacques Ferrand, qui demeure rue du Sentier? reprit-il.

— Juste!... vous le connaissez?

— Il est le notaire de la maison de commerce à laquelle j'appartiens.

— Eh bien! alors vous devez savoir que c'est un fameux fesse-mathieu... mais, faut être juste, honnête et dévot... tous les dimanches à la messe et à vêpres, faisant ses pâques et allant à confesse...; s'il fricote, ne fricotant jamais qu'avec des prêtres, buvant l'eau bénite, dévorant le pain bénit... un saint homme, quoi!... la caisse d'épargne des petites gens qui placent leurs économies chez lui... mais dame! avare et dur à cuire pour les autres comme pour lui-même... Voilà dix-huit mois que cette pauvre Louise, la fille du lapidaire, est servante chez lui... C'est un agneau pour la douceur... un cheval pour le travail... Elle fait tout là... et 18 francs de gages... ni plus, ni moins; elle garde 6 francs par mois pour s'entretenir, et donne le reste à sa famille, c'est toujours ça; mais quand il faut que sept personnes rongent là-dessus!

—Mais le travail du père... s'il est laborieux?

—S'il est laborieux! C'est un homme qui de sa vie n'a été *bu;* c'est rangé, c'est doux comme un Jésus; ça ne demanderait au bon Dieu pour toute récompense que de faire durer les jours quarante-huit heures, pour pouvoir gagner un peu plus de pain pour sa marmaille.

—Son travail lui rapporte donc bien peu?

—Il a été alité pendant trois mois, c'est ce qui l'a arriéré; sa femme s'est abîmé la santé en le soignant, et à cette heure elle est moribonde; c'est pendant ces trois mois qu'il a fallu vivre avec les 12 francs de Louise... et avec ce qu'ils ont emprunté sur gage à la mère Burette, et aussi quelques écus que lui a prêtés la *courtière* en pierres fausses pour qui il travaille. Mais huit personnes! j'en reviens toujours là... et si vous voyiez leur bouge!... Mais tenez, monsieur, ne parlons pas de ça, voilà notre dîner cuit, et rien que de penser à leur mansarde... ça me tourne sur l'estomac... Heureusement M. Bras-Rouge va en débarrasser la maison... Quand je dis heureusement, ça n'est pas par méchanceté au moins... Mais puisqu'il faut qu'ils soient malheureux, ces pauvres Morel, et que nous n'y pouvons rien, autant qu'ils aillent être malheureux ailleurs. C'est un crève-cœur de moins.

— Mais si on les chasse d'ici, où iront-ils?

— Dame! je ne sais pas, moi.

— Et combien peut-il gagner par jour, ce pauvre ouvrier?

— S'il n'était pas obligé de soigner sa mère, sa femme et les enfants, il gagnerait bien 4 à 5 francs, parce qu'il s'acharne; mais comme il perd les trois quarts de son temps à faire le ménage, c'est au plus s'il gagne 40 sous...

— En effet, c'est bien peu... Pauvres gens...

— Oui, pauvres gens, allez!... c'est bien dit... Mais il y en a tant, de pauvres gens, que, puisqu'on n'y peut rien, il faut bien s'en consoler... n'est-ce pas, Alfred? Mais, à propos de consoler, et le cassis! nous ne lui disons rien?

— Franchement, madame Pipelet, ce que vous m'avez raconté là m'a serré le cœur; vous boirez à ma santé avec M. Pipelet.

— Vous êtes bien honnête, monsieur, dit le portier — mais voulez-vous toujours voir la chambre d'en haut?

— Volontiers, si elle me convient je vous donnerai le denier à Dieu.

Le portier sortit de son antre. Rodolphe le suivit.

CHAPITRE VIII.

LES QUATRE ÉTAGES.

L'escalier sombre, humide, paraissait encore plus obscur par cette triste journée d'hiver.

L'entrée de chacun des appartements de cette maison offrait, pour ainsi dire, à l'œil de l'observateur une physionomie particulière.

Ainsi la porte du logis qui servait de petite maison au *commandant* était fraîchement peinte d'une couleur brune veinée imitant le palissandre ; un bouton de cuivre doré étincelait à la serrure, et un beau cordon de sonnette à houppe de soie rouge contrastait avec la sordide vétusté des murailles.

La porte du second étage habité par la devineresse, prêteuse sur gages, présentait un aspect plus singulier : un hibou empaillé, oiseau suprêmement symbolique et cabalistique, était cloué par les pattes et par les ailes au-dessus du chambranle ; un petit guichet, grillagé de fil de fer, permettait d'examiner les visiteurs avant d'ouvrir.

La demeure du charlatan italien que l'on soupçonnait d'exercer un épouvantable métier se distinguait aussi par son entrée bizarre.

Son nom se lisait tracé avec des dents de cheval incrustées dans une espèce de tableau de bois noir appliqué sur la porte.

Au lieu de se terminer classiquement par une patte de lièvre ou par un pied de chevreuil, le cordon de sonnette s'attachait à un avant-bras et à une main de singe momifiés.

Ce bras desséché, cette petite main à cinq doigts articulés par phalanges et terminés par des ongles était hideuse à voir.

On eût dit la main d'un enfant...

Au moment où Rodolphe passait devant cette porte, qui lui parut sinistre, il lui sembla entendre quelques sanglots étouffés ; puis tout à coup un cri douloureux, convulsif, horrible, un cri paraissant arraché du fond des entrailles, retentit dans le silence de cette maison.

Rodolphe tressaillit.

Par un mouvement plus rapide que la pensée, il courut à la porte et sonna violemment.

— Qu'avez-vous, monsieur? — dit le portier surpris.

— Ce cri... — dit Rodolphe — vous ne l'avez donc pas entendu?

— Si, monsieur. C'est sans doute quelque pratique à qui M. César Bradamanti arrache une dent... peut-être deux.

Cette explication était vraisemblable; pourtant elle ne satisfit pas Rodolphe.

Le cri terrible qu'il venait d'entendre ne lui semblait pas seulement une exclamation de douleur physique, mais aussi, si cela peut se dire... un cri de douleur morale...

Son coup de sonnette avait été d'une extrême violence.

On n'y répondit pas d'abord.

Plusieurs portes se fermèrent coup sur coup; puis, derrière la vitre d'un œil-de-bœuf placé près de la porte, et sur lequel Rodolphe attachait machinalement son regard, il vit confusément apparaître une figure décharnée, d'une pâleur cadavéreuse; une forêt de cheveux roux et grisonnants couronnait ce hideux visage, qui se terminait par une longue barbe de la même couleur que la chevelure.

Cette vision disparut au bout d'une seconde.

Rodolphe resta pétrifié.

Pendant le peu de temps que dura cette apparition, il avait cru reconnaître certains traits bien caractéristiques de cet homme.

Ces yeux verts et brillants comme l'algue-marine sous leurs gros sourcils fauves et hérissés, cette pâleur livide, ce nez mince, saillant, recourbé en bec d'aigle, et dont les narines, bizarrement dilatées et échancrées, laissaient voir une partie de la cloison nasale, lui rappelaient d'une manière frappante un certain abbé Polidori, dont le nom avait été maudit par Murph durant son entretien avec le baron de Graün.

Quoique Rodolphe n'eût pas vu l'abbé Polidori depuis seize ou dix-sept ans, il avait mille raisons de ne pas l'oublier; mais ce qui déroutait ses souvenirs, mais ce qui le faisait douter de l'identité de ces deux personnages, c'est que le prêtre qu'il croyait retrouver sous le nom de ce charlatan à barbe et à cheveux roux, était très-brun.

Si Rodolphe (en supposant que ses soupçons fussent fondés) ne s'étonnait pas d'ailleurs de voir un homme revêtu d'un caractère sacré, un homme dont il connaissait la haute intelligence, le vaste savoir, le rare esprit, tomber à ce point de dégradation... peut-être d'infamie, c'est qu'il savait que ce rare esprit, que cette haute intelligence, que ce vaste savoir, s'alliaient à une perversité si profonde, à une conduite si déréglée, à des penchants si crapuleux, et surtout à une telle forfanterie de cynique et sanglant mépris des hommes et des choses, que cet homme, réduit à une misère méritée, avait pu, nous dirons presque, avait dû chercher les ressources les moins honorables, et trouver une sorte de satisfaction ironique et sacrilége à se voir, lui, véritablement distingué par les dons de l'esprit, lui, revêtu d'un caractère sacré, exercer ce vil métier d'impudent bateleur...

Mais, nous le répétons, quoiqu'il eût quitté l'abbé Polidori dans la force de l'âge, et que celui-ci dût avoir alors l'âge du charlatan, il y avait entre ces deux personnages certaines différences si notables, que Rodolphe doutait extrêmement de leur identité; néanmoins il dit à M. Pipelet :

— Est-ce qu'il y a long-temps que M. Bradamanti habite cette maison?

— Mais environ un an, monsieur... Oui, c'est ça, il est venu pour le terme de janvier. C'est un locataire exact; il m'a guéri d'un fameux rhumatisme... Mais, comme je vous le disais tout à l'heure, il a un défaut : c'est d'être trop gouailleur, il ne respecte rien dans ses propos.

— Comment cela?

— Enfin, monsieur — dit gravement

M. Pipelet — je ne suis pas une rosière, mais il y a rire et rire.

— Il est donc fort gai?

— Ce n'est pas qu'il soit gai; au contraire, il a l'air d'un mort... Mais s'il ne rit jamais de la bouche... il rit toujours en paroles; il n'y a pour lui ni père ni mère, ni Dieu ni diable, il plaisante de tout... même de son eau, monsieur... même de sa propre eau! Mais, je ne vous le cache pas, ces plaisanteries-là... quelquefois me font peur... me donnent la chair de poule... Quand il a resté un quart d'heure à jaboter indécemment, dans la loge, sur les femmes à peine voilées des différents pays sauvages qu'il a parcourus, et que je me retrouve seul à seul avec Anastasie, eh bien! monsieur... moi qui, depuis trente-sept ans, ai pris l'habitude, me suis fait une loi de la chérir... Anastasie... eh bien!... il me semble que je la chéris moins. Vous allez rire... mais quelquefois encore, quand M. César est parti, après m'avoir parlé des festins des princes auxquels il a assisté pour les voir essayer les dents qu'il leur avait posées, eh bien! il me semble que mon manger est amer, je n'ai plus faim... Enfin j'aime mon état, monsieur, et je m'en honore... J'aurais pu être cordonnier comme un tas d'ambitieux... mais je crois rendre autant de service en ressemelant les vieilles chaussures... Eh bien, monsieur, il y a des jours où ce diable de M. César, avec ses railleries, me ferait regretter de n'être pas bottier, ma parole d'honneur! et puis enfin... il a une manière de parler des dames sauvages qu'il a connues... Tenez, monsieur, je vous le répète, je ne suis pas rosière, mais quelquefois, saperlotte! je deviens pourpre... — ajouta M. Pipelet d'un air de chasteté révoltée.

— Et madame Pipelet tolère cela?...

— Anastasie est folle de l'esprit; et M. César, malgré son mauvais ton, en a... certainement beaucoup... aussi elle lui passe tout.

— Elle m'a aussi parlé de certains bruits horribles...

— Elle vous en a parlé?...

— Soyez tranquille, je suis discret.

— Eh bien! monsieur, ce bruit-là, je n'y

crois pas, je n'y croirai jamais, et pourtant je ne peux m'empêcher d'y penser, et ça augmente le drôle d'effet que me procurent les plaisanteries de M. Bradamanti; enfin, monsieur, pour tout dire, bien certainement je hais M. Cabrion... c'est une haine que j'emporterai dans la tombe. Eh bien! quelquefois il me semble que j'aimerais encore mieux les ignobles farces qu'il avait l'effronterie de faire dans la maison, que les plaisanteries que nous débite M. César de son air *pince-sans-rire*, en bridant ses lèvres par un mouvement disgracieux qui me rappelle toujours l'agonie de mon oncle Rousselot, qui en râlant bridait ses lèvres tout comme M. Bradamanti.

Quelques mots de M. Pipelet sur la perpétuelle ironie avec laquelle le charlatan parlait de tout et de tous, et flétrissait les joies les plus modestes par ses railleries amères, confirmaient assez les premiers soupçons de Rodolphe; car l'abbé, lorsqu'il déposait son masque d'hypocrisie, avait toujours affecté le scepticisme le plus audacieux et le plus révoltant.

Bien décidé à éclaircir ses doutes, la présence de ce prêtre dans cette maison pouvant le gêner, se sentant de plus en plus disposé à interpréter d'une manière lugubre le cri terrible dont il avait été si frappé, Rodolphe suivit le portier à l'étage supérieur, où se trouvait la chambre qu'il voulait louer.

Le logis de mademoiselle Rigolette, voisin de cette chambre, était facile à reconnaître, grâce à une charmante galanterie du peintre, l'ennemi mortel de M. Pipelet.

Une demi-douzaine de petits Amours joufflus, très-facilement et très-spirituellement peints dans le goût de Wateau, se groupaient autour d'une espèce de cartouche et portaient allégoriquement, l'un un dé à coudre, l'autre une paire de ciseaux, celui-là un fer à repasser, celui-ci un petit miroir de toilette; au milieu du cartouche, sur un fond bleu-clair, on lisait en lettres roses : *Mademoiselle Rigolette, couturière.* Le tout était encadré dans une guirlande de fleurs qui se détachait à merveille du fond vert céladon de la porte.

Ce petit panneau était fort joli, et formait encore un contraste frappant avec la laideur de l'escalier.

Au risque d'irriter les plaies saignantes d'*Alfred*, Rodolphe lui dit, en montrant la porte de mademoiselle Rigolette :

— Ceci est sans doute l'ouvrage de M. Cabrion?

— Oui, monsieur, il s'est permis d'abîmer la peinture de cette porte avec ces indécents barbouillages d'enfants tout nus, qu'il appelle des Amours. Sans les supplications de mademoiselle Rigolette et la faiblesse de M. Bras-Rouge, j'aurais gratté tout cela ainsi que cette palette dont le même monstre a obstrué la porte de *votre* chambre.

En effet, une palette chargée de couleurs, paraissant suspendue à un clou, était peinte sur la porte en manière de *trompe-l'œil*.

Rodolphe suivit le portier dans cette chambre assez spacieuse, précédée d'un petit cabinet, et éclairée par deux fenêtres qui ouvraient sur la rue du Temple ; quelques ébauches fantastiques, peintes sur la seconde porte par M. Cabrion, avaient été scrupuleusement respectées par M. Germain.

Rodolphe avait trop de motifs d'habiter cette maison pour ne pas arrêter ce logement;

il donna donc modestement quarante sous au portier, et lui dit :

— Cette chambre me convient parfaitement, voici le denier à Dieu; demain j'enverrai des meubles. Il n'est pas nécessaire, n'est-ce pas, que je voie le principal locataire, M. Bras-Rouge?

— Non, monsieur; il ne vient ici que de loin en loin, excepté pour les manigances de la mère Burette... C'est toujours avec moi que l'on traite directement; je vous demanderai seulement votre nom.

— Rodolphe.

— Rodolphe... qui?

— Rodolphe tout court, monsieur Pipelet.

— C'est différent, monsieur; ce n'est pas par curiosité que j'insistais : les noms et les volentés sont libres.

— Dites-moi, monsieur Pipelet, est-ce que demain je ne devrais pas, comme nouveau voisin, aller demander aux Morel si je ne peux pas leur être bon à quelque chose, puisque mon prédécesseur, M. Germain, les aidait aussi selon ses moyens?

— Si, monsieur, cela se peut; il est vrai que

ça ne leur servira pas à grand'chose, puisqu'on les chasse; mais ça les flattera toujours.

Puis, comme frappé d'une idée subite, M. Pipelet s'écria, en regardant son locataire d'un air fin et malicieux :

— Je comprends, je comprends; c'est un commencement pour finir par aller aussi faire le bon voisin chez la petite voisine d'à côté.

— Mais j'y compte bien!

— Il n'y a pas de mal à ça, monsieur, c'est l'usage; et tenez, je suis sur que mademoiselle Rigolette a entendu qu'on visitait la chambre, et qu'elle est aux aguets pour nous voir descendre. Je vas faire du bruit exprès en tournant la clef; regardez bien en passant sur le carré.

En effet, Rodolphe s'aperçut que la porte, si gracieusement enjolivée d'Amours Wateau, était entre-bâillée, et il distingua vaguement, par l'étroite ouverture, le bout relevé d'un petit nez couleur de rose et un grand œil noir vif et curieux; mais, comme il ralentissait le pas, la porte se ferma brusquement.

— Quand je vous disais qu'elle nous guettait! — reprit le portier; puis il ajouta : —

Pardon excuse, monsieur... je vas à mon petit observatoire...

— Qu'est-ce que cela?

— Au haut de cette échelle il y a le palier où s'ouvre la porte de la mansarde des Morel, et derrière un des lambris il se trouve un petit trou noir, où je mets des fouillis. Comme le mur est très-lézardé, quand je suis dans mon trou je vois chez eux et je les entends comme si j'y étais... Ça n'est pas que je les espionne! juste ciel!... Mais enfin je vais quelquefois les regarder comme on va à un mélodrame bien noir... Et en redescendant dans ma loge je me trouve comme dans un palais... Mais, dites donc, monsieur, si le cœur vous en dit, avant qu'ils ne partent... C'est triste, mais c'est curieux, car quand ils vous voient ils sont comme des sauvages... ça les gêne...

— Vous êtes bien bon, monsieur Pipelet; un autre jour, demain peut-être, je profiterai de votre offre.

— A votre aise, monsieur... mais il faut que je monte à mon observatoire, car j'ai besoin d'un morceau de basane... Si vous voulez toujours descendre, monsieur, je vous rejoins.

Et M. Pipelet commença sur l'échelle qui conduisait aux mansardes une ascension assez périlleuse pour son âge.

Rodolphe jetait un dernier coup d'œil sur la porte de mademoiselle Rigolette, en songeant que cette jeune fille, l'ancienne compagne de la pauvre Goualeuse, connaissait sans doute la retraite du fils du Maître d'école, lorsqu'il entendit, à l'étage inférieur, quelqu'un sortir de chez le charlatan; il reconnut le pas léger d'une femme, et distingua le bruissement d'une robe de soie. Rodolphe s'arrêta un moment par discrétion.

Lorsqu'il n'entendit plus rien, il descendit.

Arrivé au second étage, il vit et ramassa un mouchoir sur les dernières marches; il appartenait sans doute à la personne qui sortait du logis du charlatan.

Rodolphe s'approcha d'une des étroites fenêtres qui éclairaient le carré, et examina ce mouchoir, magnifiquement garni de dentelles; il portait brodés, dans un de ses angles, un L et un N surmontés d'une couronne ducale.

Ce mouchoir était littéralement trempé de larmes...

La première pensée de Rodolphe fut de se hâter, afin de pouvoir rendre ce mouchoir à la personne qui l'avait perdu; mais il réfléchit que cette démarche ressemblerait peut-être, dans cette circonstance, à un mouvement d'inconvenante curiosité; il le garda, se trouvant ainsi, sans le vouloir, sur la trace d'une mystérieuse et sans doute sinistre aventure.

En arrivant chez la portière, il lui dit :

— Est-ce qu'il ne vient pas de descendre une femme?

— Non, monsieur... C'est une belle *dame*, grande et mince, avec un voile noir. Elle sort de chez M. César... Le petit Tortillard avait été chercher un fiacre, où elle vient de monter... Ce qui m'étonne, c'est que ce petit gueux-là s'est assis derrière le fiacre, peut-être pour voir où va cette dame; car il est curieux comme une pie et vif comme un furet, malgré son pied bot.

Ainsi, pensa Rodolphe, le nom et l'adresse de cette femme seront peut-être connus de ce charlatan, dans le cas où il aurait ordonné à Tortillard de suivre l'inconnue.

— Eh bien! monsieur, la chambre vous convient-elle? demanda la portière.

— Elle me convient beaucoup, je l'ai arrêtée, et demain j'enverrai mes meubles.

— Que le bon Dieu vous bénisse d'avoir passé devant notre porte, monsieur! nous aurons un fameux locataire de plus. Vous avez l'air bon enfant, Pipelet vous aimera tout de suite. Vous le ferez rire comme faisait M. Germain, qui avait toujours une farce à lui dire... car il ne demande qu'à rire, ce pauvre cher homme; aussi je pense qu'avant un mois vous ferez une paire d'amis.

— Allons, vous me flattez, madame Pipelet.

— Pas du tout, ce que je vous dis-là, c'est comme si je vous ouvrais mon cœur. Et si vous êtes gentil pour Alfred, je serai reconnaissante: vous verrez votre petit ménage; je suis un lion pour la propreté; et si vous voulez dîner chez vous le dimanche, je vous fricoterai des choses dont vous vous lécherez les pouces.

— C'est convenu, madame Pipelet, vous ferez mon ménage; demain on vous apportera des meubles, et je viendrai surveiller mon emménagement.

Rodolphe sortit.

Les résultats de sa visite à la maison de la rue du Temple étaient assez importants et pour la solution du mystère qu'il voulait découvrir, et pour la noble curiosité avec laquelle il cherchait l'occasion de faire le bien et d'empêcher le mal.

Tels étaient ces résultats :

Mademoiselle Rigolette savait nécessairement la nouvelle demeure de François Germain, fils du Maître d'école;

Une jeune femme qui, selon quelques apparences, pouvait malheureusement être la marquise d'Harville, avait donné au *commandant*, pour le lendemain, un nouveau rendez-vous qui la perdrait peut-être à jamais...

Et, pour mille raisons, Rodolphe portait le plus vif intérêt à M. d'Harville, dont le repos, l'honneur semblaient si cruellement compromis;

Un artisan honnête et laborieux, écrasé par la plus affreuse misère, allait être, lui et sa famille, jeté sur le pavé par l'intermédiaire de Bras-Rouge;

Enfin, Rodolphe avait involontairement découvert quelques traces d'une aventure dont le charlatan César Bradamanti (peut-être l'abbé Polidori) et une femme qui appartenait sans doute au plus grand monde étaient les principaux acteurs;

De plus, la Chouette, récemment sortie de l'hôpital où elle était entrée après la scène de l'allée des Veuves, avait des intelligences suspectes avec madame Burette, devineresse et prêteuse sur gages, qui occupait le second étage de la maison.

Ayant recueilli ces divers renseignements, Rodolphe rentra chez lui, rue Plumet, remettant au lendemain sa visite au notaire Jacques Ferrand.

Le soir même, comme on le sait, Rodolphe devait se rendre à un grand bal, à l'ambassade de ***.

Avant de suivre notre héros dans cette nouvelle excursion, nous jetterons un coup d'œil rétrospectif sur Tom et sur Sarah, personnages importants de cette histoire.

CHAPITRE IX.

TOM ET SARAH.

Sarah Seyton, alors veuve du comte Mac-Gregor, et âgée de trente-sept à trente-huit ans, était d'une excellente famille écossaise, et fille d'un baronnet, gentilhomme campagnard.

D'une beauté accomplie, orpheline à dix-sept ans, Sarah avait quitté l'Écosse avec son frère Tom Seyton de Halsbury.

Les absurdes prédictions d'une vieille highlandaise, sa nourrice, avaient exalté presque jusqu'à la démence les deux vices capitaux de Sarah — l'orgueil et l'ambition — en lui promettant, avec une incroyable persistance de conviction, les plus hautes destinées... pourquoi ne pas le dire? une destinée souveraine!

La jeune Écossaise s'était rendue à l'*évidence* des prédictions de sa nourrice, et se redisait sans cesse, pour corroborer sa foi ambitieuse, qu'une devineresse avait aussi promis une couronne à la belle et excellente créole qui s'assit un jour sur le trône de France, et qui fut reine par la grâce et par la bonté, comme d'autres le sont par la grandeur et par la majesté.

Chose étrange! Tom Seyton, aussi superstitieux que sa sœur, encourageait ses folles espérances, et avait résolu de consacrer sa vie à la réalisation du rêve de Sarah... de ce rêve aussi éblouissant qu'insensé.

Néanmoins le frère et la sœur n'étaient pas assez aveugles pour croire rigoureusement à la prédiction de la highlandaise, et pour viser absolument à un trône de premier ordre, dans leur magnifique dédain des royautés secondaires ou des principautés régnantes; non, pourvu que la belle Écossaise ceignît un jour son front impérieux d'une couronne souveraine, le couple orgueilleux fermerait les yeux sur l'importance des possessions de cette couronne.

A l'aide de l'Almanach de Gotha pour l'an de grâce 1819, Tom Seyton dressa, au moment de quitter l'Écosse, une sorte de tableau synoptique par rang d'âge de tous les rois et altesses souverains de l'Europe alors à marier.

Bien que fort absurde, l'ambition du frère et de la sœur était pure de tout moyen honteux ; Tom devait aider Sarah Seyton à ourdir la trame conjugale où elle espérait enlacer un *porte-couronne* quelconque. Tom devait être de moitié dans toutes les ruses, dans toutes les intrigues qui pourraient amener ce résultat ; mais il aurait tué sa sœur plutôt que de voir en elle la maîtresse d'un prince, même avec la certitude d'un mariage *réparateur*.

L'espèce d'inventaire matrimonial qui résulta des recherches de Tom et de Sarah dans l'Almanach de Gotha fut satisfaisant.

La Confédération germanique fournissait surtout un nombreux contingent de jeunes souverains présomptifs. Sarah était protestante ; Tom n'ignorait pas la facilité du mariage allemand dit de la *main gauche*, mariage légitime d'ailleurs, auquel il se serait à la dernière extrémité résigné pour sa sœur. Il fut donc résolu entre elle et lui d'aller d'abord en Allemagne commencer cette *pipée*.

Si ce projet paraît improbable, ces espérances insensées, nous répondrons d'abord qu'une ambition effrénée, encore exagérée par une superstitieuse croyance, se pique rarement d'être raisonnable dans ses visées et n'est guère tentée que de l'impossible; pourtant, en se rappelant certains faits contemporains, depuis d'augustes et respectables mariages morganatiques entre souverains et sujettes, jusqu'à l'amoureuse odyssée de miss Pénélope et du prince de Capoue, on ne peut refuser quelque probabilité d'heureux succès aux imaginations de Tom et de Sarah.

Nous ajouterons que celle-ci joignait à une merveilleuse beauté de rares dispositions pour les talents les plus variés, et une puissance de séduction d'autant plus dangereuse, qu'avec une âme sèche et dure, un esprit adroit et méchant, une dissimulation profonde, un caractère opiniâtre et absolu, elle réunissait toutes les apparences d'une nature généreuse, ardente et passionnée.

Au physique, son organisation mentait aussi perfidement qu'au moral.

Ses grands yeux noirs, tour à tour étincelants et langoureux sous leurs sourcils d'ébène, pouvaient feindre les embrasements de la volupté... et pourtant les brûlantes aspirations de l'amour ne devaient jamais faire battre son sein glacé; aucune surprise du cœur ou des sens ne devait déranger les impitoyables calculs de cette femme rusée, égoïste et ambitieuse.

En arrivant sur le continent, Sarah, d'après les conseils de son frère, ne voulut pas commencer ses entreprises avant d'avoir fait un séjour à Paris, où elle désirait polir son éducation, et assouplir sa raideur britannique dans le commerce d'une société pleine d'élégance, d'agréments et de liberté de bon goût.

Sarah fut introduite dans le meilleur et dans le plus grand monde, grâce à quelques lettres de recommandation et au bienveillant patronage de madame l'ambassadrice d'Angleterre et du vieux marquis d'Harville, qui avait connu en Angleterre le père de Tom et de Sarah.

Les personnes fausses, froides, réfléchies, s'assimilent avec une promptitude merveilleuse le langage et les manières les plus opposées à leur caractère : chez elles tout est dehors, surface, apparence, vernis, écorce ; dès qu'on les pénètre, dès qu'on les devine, elles sont perdues ; aussi l'espèce d'instinct de conservation dont elles sont douées les rend éminemment propres au déguisement moral. Elles se griment et se costument avec la prestesse et l'habileté d'un comédien consommé.

C'est dire qu'après six mois de séjour à Paris, Sarah aurait pu lutter avec la Parisienne la plus Parisienne du monde, pour la grâce piquante de son esprit, le charme de sa gaieté, l'ingénuité de sa coquetterie et la naïveté provoquante de son regard à la fois chaste et passionné.

Trouvant sa sœur suffisamment *armée*, Tom partit avec elle pour l'Allemagne, muni d'excellentes lettres d'introduction.

Le premier État de la Confédération germanique qui se trouvait sur l'itinéraire de

Sarah était le grand-duché de Gerolstein, ainsi désigné dans le diplomatique et infaillible *Almanach de Gotha* pour l'année 1819 :

Généalogie des souverains de l'Europe et de leur famille.

GEROLSTEIN.

« Grand-duc : Maximilien Rodolphe, né le 10 décembre 1764. Succède à son père Charles-Frédérik Rodolphe, le 21 avril 1785.—Veuf, janvier 1808, de Louise, fille du prince Jean-Auguste de Burglen.

» Fils : Gustave-Rodolphe, né le 17 avril 1803.

» Mère : Grande-duchesse Judith, douairière, veuve du grand-duc Charles-Frédérik Rodolphe, le 21 avril 1785. »

Tom, avec assez de sens, avait d'abord inscrit sur sa liste les plus jeunes des princes qu'il convoitait pour beaux-frères, pensant que l'extrême jeunesse est de bien plus facile séduction qu'un âge mûr. D'ailleurs, nous l'avons dit, Tom et Sarah avaient été particulièrement recommandés au grand-duc régnant de Gerolstein par le vieux marquis d'Harville, engoué, comme tout le monde, de Sarah, dont il ne pouvait assez admirer la beauté, la grâce et le charmant naturel.

Il est inutile de dire que l'héritier présomptif du grand-duché de Gerolstein était *Gustave* Rodolphe ; il avait dix-huit ans à peine lorsque Tom et Sarah furent présentés à son père.

L'arrivée de la jeune Écossaise fut un événement dans cette petite cour allemande, calme, simple, sérieuse et pour ainsi dire patriarcale. Le grand-duc, le meilleur des hommes, gouvernait ses États avec une fermeté sage et une bonté paternelle ; rien de plus matériellement, de plus moralement heureux que cette principauté : sa population laborieuse et grave, sobre et pieuse, offrait le type idéal du caractère allemand.

Ces braves gens jouissaient d'un bonheur si profond, ils étaient si complétement satisfaits de leur condition, que la sollicitude éclairée du grand-duc avait eu peu à faire pour les préserver de la manie des innovations *constitutionnelles*.

Quant aux modernes découvertes, quant aux idées pratiques qui pouvaient avoir une influence salutaire sur le bien-être et sur la moralisation du peuple, le grand-duc s'en informait et les appliquait incessamment, ses résidents auprès des différentes puissances de l'Europe n'ayant pour ainsi dire d'autre mission que celle de tenir leur maître au courant de tous les progrès de la science au point de vue d'utilité publique et pratique.

Nous l'avons dit, le grand-duc ressentait autant d'affection que de reconnaissance pour le vieux marquis d'Harville, qui lui avait rendu, en 1815, d'immenses services; aussi, grâce à la recommandation de ce dernier, Tom et Sarah Seyton de Halsbury furent accueillis à la cour de Gerolstein avec une distinction et une bonté très-particulières.

Quinze jours après son arrivée, Sarah, douée d'un profond esprit d'observation, avait facilement pénétré le caractère ferme, loyal et ouvert du grand-duc; avant de séduire le fils, chose immanquable, elle avait sagement voulu s'assurer des dispositions du père. Celui-ci paraissait aimer si follement son fils Rodolphe, qu'un moment Sarah le crut capable de consentir à une mésalliance plutôt que de voir ce fils chéri éternellement malheureux. Mais bientôt l'Écossaise fut convaincue que ce père si tendre ne se départirait jamais de certains principes, de certaines idées sur les devoirs des princes.

Ce n'était pas de sa part orgueil; c'était conscience, raison, dignité.

Or un homme de cette trempe énergique, d'autant plus affectueux et bon qu'il est plus ferme et plus fort, ne concède jamais rien de ce qui touche à sa conscience, à sa raison, à sa dignité.

Sarah fut sur le point de renoncer à son entreprise, en présence de ces obstacles presque insurmontables; mais, réfléchissant que, par compensation, Rodolphe était très-jeune, qu'on vantait généralement sa douceur, sa bonté, son caractère à la fois timide et rêveur, elle crut le jeune prince faible, irrésolu; elle persista donc dans son projet et dans ses espérances.

A cette occasion, sa conduite et celle de son frère furent un chef-d'œuvre d'habileté.

La jeune fille sut se concilier tout le monde, et surtout les personnes qui auraient pu être jalouses ou envieuses de ses avantages ; elle fit oublier sa beauté, ses grâces, par la simplicité modeste dont elle les voila. Bientôt elle devint l'idole non-seulement du grand-duc, mais de sa mère, la grande-duchesse Judith douairière, qui, malgré, ou à cause de ses quatre-vingt-dix ans, aimait à la folie tout ce qui était jeune et charmant.

Plusieurs fois Tom et Sarah parlèrent de leur départ. Jamais le souverain de Gerolstein ne voulut y consentir, et, pour s'attacher tout à fait le frère et la sœur, il pria le baronnet Tom Seyton de Halsbury d'accepter l'emploi vacant de premier écuyer, et il supplia Sarah de ne pas quitter la grande-duchesse Judith, qui ne pouvait plus se passer d'elle.

Après de nombreuses hésitations, combattues par les plus pressantes influences, Tom et Sarah acceptèrent ces brillantes propositions, et s'établirent à la cour de Gerolstein, où ils étaient arrivés depuis deux mois.

Sarah, excellente musicienne, sachant le goût de la grande-duchesse pour les vieux maîtres, et entre autres pour Gluck, fit venir l'œuvre de cet homme illustre, et fascina la vieille princesse par son inépuisable complaisance et par le talent remarquable avec lequel elle lui chantait ces anciens airs, d'une beauté si simple, si expressive.

Tom, de son côté, sut se rendre très-utile dans l'emploi que le grand-duc lui avait confié. L'Écossais connaissait parfaitement les chevaux ; il avait beaucoup d'ordre et de fermeté : en peu de temps il transforma presque complétement le service des écuries du grand-duc, service que la négligence et la routine avaient presque désorganisé.

Le frère et la sœur furent bientôt également aimés, fêtés, choyés dans cette cour. La préférence du maître commande les préférences secondaires. Sarah avait d'ailleurs besoin, pour ses futurs projets, de trop de points d'appui pour ne pas employer son habile séduction à se faire des partisans. Son hypocrisie, revêtue des formes les plus attrayantes, trompa facilement la plupart de ces loyales

Allemandes, et l'affection générale consacra bientôt l'excessive bienveillance du grand-duc.

Voici donc notre couple établi à la cour de Gerolstein, parfaitement et honorablement posé, sans qu'il ait été un moment question de Rodolphe. Par un hasard heureux, quelques jours après l'arrivée de Sarah, ce dernier était parti pour une inspection de troupes avec un aide-de-camp et le fidèle Murph.

Cette absence, doublement favorable aux vues de Sarah, lui permit de disposer à son aise les principaux fils de la trame qu'elle ourdissait sans être gênée par la présence du jeune prince, dont l'admiration trop marquée aurait peut-être éveillé les craintes du grand-du.

Au contraire, en l'absence de son fils, il ne songea malheureusement pas qu'il venait d'admettre dans son intimité une jeune fille d'une rare beauté, d'un esprit charmant, qui devait se trouver avec Rodolphe à chaque instant du jour.

Sarah resta intérieurement insensible à cet accueil si touchant, si généreux, à cette noble confiance avec laquelle on l'introduisait au cœur de cette famille souveraine.

Ni cette jeune fille, ni son frère ne reculèrent un moment devant leurs mauvais desseins; ils venaient sciemment apporter le trouble et le chagrin dans cette cour paisible et heureuse. Ils calculaient froidement les résultats probables des cruelles divisions qu'ils allaient semer entre un père et un fils jusqu'alors tendrement unis.

CHAPITRE X.

SIR WALTER MURPH ET L'ABBÉ POLIDORI.

Rodolphe, pendant son enfance, avait été d'une complexion très-frêle. Son père fit ce raisonnement, bizarre en apparence, au fond très-sensé :

Les gentilshommes campagnards anglais sont généralement remarquables par une santé robuste. Ces avantages tiennent beaucoup à leur éducation physique ; simple, rude, agreste, elle développe leur vigueur. Rodolphe va sortir des mains des femmes ; son tempérament est délicat ; peut-être, en habituant cet enfant à vivre comme le fils d'un fermier anglais (sauf quelques ménagements), fortifierai-je sa constitution.

Le grand-duc fit chercher en Angleterre un homme digne et capable de diriger cette sorte d'éducation physique : sir Walter Murph, athlétique spécimen du gentilhomme campagnard du Yoskshire, fut chargé de ce soin important. La direction qu'il donna au jeune prince répondit parfaitement aux vues du grand-duc.

Murph et son élève habitèrent, pendant plusieurs années, une charmante ferme située au milieu des champs et des bois, à quelques lieues de la ville de Gerolstein, dans la position la plus pittoresque et la plus salubre.

Rodolphe, libre de toute étiquette, s'occupant avec Murph de travaux agricoles proportionnés à son âge, vécut donc de la vie sobre, mâle et régulière des champs, ayant pour plaisirs et pour distractions des exercices violents, la lutte, le pugilat, l'équitation, la chasse.

Au milieu de l'air pur des prés, des bois et des montagnes, le jeune prince sembla se transformer, poussa vigoureux comme un jeune chêne; sa pâleur un peu maladive fit place aux brillantes couleurs de la santé;

quoique toujours svelte et nerveux, il sortit victorieux des plus rudes fatigues; l'adresse, l'énergie, le courage suppléant à ce qui lui manquait de puissance musculaire, il put bientôt lutter avec avantage contre des jeunes gens beaucoup plus âgés que lui; il avait alors environ quinze ou seize ans.

Son éducation scientifique s'était nécessairement ressentie de la préférence donnée à l'éducation physique : Rodolphe savait fort peu de chose; mais le grand-duc pensait sagement que, pour demander beaucoup à l'esprit, il faut que l'esprit soit soutenu par une forte organisation physique; alors, quoique tardivement fécondées par l'instruction, les facultés intellectuelles offrent de prompts résultats.

Le bon Walter Murph n'était pas savant; il ne put donner à Rodolphe que quelques connaissances premières; mais personne mieux que lui ne pouvait inspirer à son élève la conscience de ce qui était juste, loyal, généreux; l'horreur de ce qui était bas, lâche, misérable.

Ces haines, ces admirations énergiques et

salutaires s'enracinèrent pour toujours dans l'âme de Rodolphe; plus tard, ces principes furent violemment ébranlés par les orages des passions; mais jamais ils ne furent arrachés de son cœur... La foudre frappe, sillonne et brise un arbre solidement et profondément planté; mais la sève bout toujours dans ses racines, mille verts rameaux rejaillissent bientôt de ce tronc, qui paraissait desséché.

Murph donna donc à Rodolphe, si cela peut se dire, la santé du corps et celle de l'âme; il le rendit robuste, agile et hardi, sympathique à ce qui était bon et bien, antipathique à ce qui était méchant et mauvais.

Sa tâche ainsi admirablement remplie, le squire, appelé en Angleterre par de graves intérêts, quitta l'Allemagne pour quelque temps, au grand chagrin de Rodolphe, qui l'aimait tendrement.

Murph devait revenir se fixer définitivement à Gerolstein avec sa famille, lorsque quelques affaires fort importantes pour lui seraient terminées. Il espérait que son absence durerait au plus une année.

Rassuré sur la santé de son fils, le grand-duc songea sérieusement à l'instruction de cet enfant chéri.

Un certain abbé César Polidori, philologue renommé, médecin distingué, historien érudit, savant versé dans l'étude des sciences exactes et physiques, fut chargé de cultiver, de féconder le sol riche mais vierge, si parfaitement préparé par Murph.

Cette fois le choix du grand-duc fut bien malheureux, ou plutôt sa religion fut cruellement trompée par la personne qui lui présenta l'abbé et le lui fit accepter, lui prêtre catholique, comme précepteur d'un prince protestant. Cette innovation parut à beaucoup de gens une énormité, et généralement d'un funeste présage pour l'éducation de Rodolphe.

Le hasard ou plutôt l'abominable caractère de l'abbé réalisa une partie de ces tristes prédictions.

Impie, fourbe, hypocrite, contempteur sacrilége de ce qu'il y avait de plus sacré parmi les hommes, plein de ruse et d'adresse, dissimulant la plus dangereuse immoralité, le plus effrayant scepticisme, sous une écorce austère et pieuse; exagérant une fausse humilité chrétienne pour voiler sa souplesse insinuante, de même qu'il affectait une bienveillance expansive, un optimisme ingénu, pour cacher la perfidie de ses flatteries intéressées; connaissant profondément les hommes, ou plutôt n'ayant expérimenté que les mauvais côtés, que les honteuses passions de l'humanité, l'abbé Polidori était le plus détestable Mentor que l'on pût donner à un jeune homme.

Rodolphe, abandonnant avec un extrême regret la vie indépendante, animée, qu'il avait menée jusqu'alors auprès de Murph, pour aller pâlir sur des livres et se soumettre aux cérémonieux usages de la cour de son père, prit d'abord l'abbé en aversion.

Cela devait être...

En quittant son élève, le pauvre squire l'avait comparé, non sans raison, à un jeune poulain sauvage, plein de grâce et de feu, que l'on enlevait aux belles prairies, où il s'ébattait libre et joyeux, pour aller le soumettre au frein, à l'éperon, et lui apprendre à modérer, à utiliser des forces qu'il n'avait alors employées que pour courir, que pour bondir à son caprice.

Rodolphe commença par déclarer à l'abbé qu'il ne se sentait aucune vocation pour l'étude, qu'il avait avant tout besoin d'exercer ses bras et ses jambes, de respirer l'air des champs, de courir les bois et les montagnes, un bon fusil et un bon cheval lui semblant d'ailleurs préférables aux plus beaux livres de la terre.

Le prêtre répondit à son élève qu'il n'y avait en effet rien de plus fastidieux que l'étude, mais que rien n'était plus grossier que les plaisirs qu'il préférait à l'étude, plaisirs parfaitement dignes d'un stupide fermier allemand... et l'abbé de faire un tableau si bouffon, si railleur, de cette existence simple et agreste, que, pour la première fois, Rodolphe fut honteux de s'être trouvé si heureux; alors il demanda naïvement au prêtre à quoi l'on pouvait passer son temps, si l'on n'aimait ni l'étude, ni la chasse, ni la vie libre des champs.

L'abbé lui répondit mystérieusement que plus tard il l'en instruirait.

Sous un autre point de vue, les espérances de ce prêtre étaient aussi ambitieuses que celles de Sarah.

Quoique le grand-duché de Gerolstein ne fût qu'un État secondaire, l'abbé s'était imaginé d'en être un jour le Richelieu, et de dresser Rodolphe au rôle de prince fainéant.

Il commença donc par tâcher de se rendre agréable à son élève, et de lui faire oublier Murph à force de condescendance et d'obséquiosité. Rodolphe continuant d'être récalcitrant à l'endroit de la science, l'abbé dissimula au grand-duc la répugnance du jeune prince pour l'étude, vanta au contraire son assiduité, ses étonnants progrès; et quelques interrogatoires concertés d'avance entre lui et Rodolphe, mais qui semblaient très-improvisés, entretinrent le grand-duc (il faut le dire, fort peu lettré) dans son aveuglement et dans sa confiance.

Peu à peu l'éloignement que le prêtre avait d'abord inspiré à Rodolphe se changea de la part du jeune prince en une familiarité cavalière très-différente du sérieux attachement qu'il portait à Murph.

Peu à peu Rodolphe se trouva lié à l'abbé (quoique pour des causes fort innocentes) par l'espèce de solidarité qui unit deux complices. Il devait tôt ou tard mépriser un homme du caractère et de l'âge de ce prêtre, qui mentait indignement pour excuser la paresse de son élève...

L'abbé savait cela.

Mais il savait aussi que, si l'on ne s'éloigne pas tout d'abord avec dégoût des êtres corrompus, on s'habitue malgré soi et peu à peu à leur esprit, souvent attrayant, et qu'insensiblement on en vient à entendre, sans honte et sans indignation, railler et flétrir ce qu'on vénérait jadis.

L'abbé était du reste trop fin pour heurter de front certaines nobles convictions de Rodolphe, fruit de l'éducation de Murph. Après avoir redoublé de railleries sur la grossièreté des passe-temps des premières années de son élève, le prêtre, déposant à demi son masque d'austérité, avait vivement éveillé sa curiosité par des demi-confidences sur l'existence enchanteresse de certains princes des temps passés; enfin, cédant aux instances de Rodolphe, après des ménagements infinis et d'assez vives plaisanteries sur la gravité cérémonieuse de la cour du grand-duc, l'abbé avait enflammé l'imagination du jeune prince aux récits exagérés et ardemment colorés des plaisirs et des galanteries qui avaient *illustré* les règnes de Louis XIV, du Régent, et surtout de Louis XV, le héros de César Polidori.

Il affirmait à ce malheureux enfant, qui l'écoutait avec une avidité funeste, que les voluptés, même excessives, loin de démoraliser un prince heureusement doué, le rendaient souvent au contraire clément et généreux, par cette raison que les belles âmes ne sont jamais mieux prédisposées à la bienveillance et à l'affectuosité que par le bonheur.

Louis XV *le Bien-Aimé* était une preuve irrécusable de cette assertion.

Et puis, disait l'abbé, que de grands hommes des temps anciens et modernes avaient largement sacrifié à l'épicuréisme le plus raffiné!!! depuis Alcibiade jusqu'à Maurice de Saxe, depuis Antoine jusqu'au grand Condé, depuis César jusqu'à Vendôme!

De tels entretiens devaient exercer d'effroyables ravages dans une âme jeune, ardente et vierge; de plus, l'abbé traduisait éloquemment à son élève les odes d'Horace où ce rare génie exaltait avec le charme le plus entraînant les molles délices d'une vie tout entière vouée à l'amour et à des sensualités exquises. Pourtant çà et là, pour masquer le danger de ces théories et satisfaire à ce qu'il y avait de foncièrement généreux dans le caractère de Rodolphe, l'abbé le berçait des utopies les plus charmantes.

A l'entendre, un principe intelligemment voluptueux pouvait améliorer les hommes par le plaisir, les moraliser par le bonheur, et amener les plus incrédules au sentiment religieux, en exaltant leur gratitude envers le Créateur, qui, dans l'ordre matériel, comblait l'homme de jouissances avec une inépuisable prodigalité.

Jouir de tout et toujours, c'était, selon l'abbé, glorifier Dieu dans sa magnificence et dans l'éternité de ses dons.

Ces théories portèrent leurs fruits.

Au milieu de cette cour régulière et vertueuse, habituée, par l'exemple du maître, aux honnêtes plaisirs, aux innocentes distractions, Rodolphe, instruit par l'abbé, rêvait déjà les folles nuits de Versailles, les orgies de Choisy, les violentes voluptés du Parc-aux-Cerfs, et aussi, çà et là par contraste, quelques amours romanesques.

L'abbé n'avait pas manqué non plus de démontrer à Rodolphe qu'un prince de la Confédération germanique ne pouvait avoir d'autre prétention militaire que celle d'envoyer son contingent à la Diète.

D'ailleurs l'esprit du temps n'était plus à la guerre.

Couler délicieusement et paresseusement ses jours au milieu des femmes et des raffinements du luxe, se reposer tour à tour de l'enivrement des plaisirs sensuels par les délicieuses récréations des arts, chercher parfois dans la chasse, non pas en sauvage Nemrod, mais en intelligent épicurien, ces fatigues passagères qui doublent le charme de l'indolence et de la paresse... telle était, selon l'abbé, la seule vie possible pour un prince qui (comble de bonheur!) trouvait un premier ministre capable de se vouer courageusement au fastidieux et lourd fardeau des affaires de l'État.

Rodolphe, en se laissant aller à des suppositions qui n'avaient rien de criminel parce qu'elles ne sortaient pas du cercle des probabilités fatales, se proposait, lorsque Dieu rappellerait à lui le grand-duc son père, de se vouer à cette vie que l'abbé Polidori lui peignait sous de si chaudes et de si riantes couleurs, et de prendre ce prêtre pour premier ministre.

Nous le répétons, Rodolphe aimait tendrement son père, et il l'eût profondément regretté quoique sa mort lui eût permis de faire le Sardanapale au petit pied. Il est inutile de dire que le jeune prince gardait le plus profond secret sur les malheureuses espérances qui fermentaient en lui.

Sachant que les héros de prédilection du grand-duc étaient Gustave-Adolphe, Charles XII et le grand Frédéric (Maximilien-Rodolphe avait l'honneur d'appartenir de très-près à la maison royale de Brandebourg), Rodolphe pensait avec raison que son père, qui professait une admiration profonde pour ces rois-capitaines toujours bottés et éperonnés, chevauchant et guerroyant, regarderait son fils comme perdu s'il le croyait capable de vouloir remplacer dans sa cour la gravité tudesque par les mœurs faciles et licencieuses de la Régence. Un an... dix-huit mois se passèrent ainsi ; Murph n'était pas encore de retour, quoiqu'il annonçât prochainement son arrivée.

Sa première répugnance vaincue par l'obséquiosité de l'abbé, Rodolphe profita des enseignements scientifiques de son précepteur, et acquit sinon une instruction très-étendue, au moins des connaissances superficielles, qui, jointes à un esprit naturel, vif et sagace, lui permettait de passer pour beaucoup plus instruit qu'il ne l'était réellement, et de faire le plus grand honneur aux soins de l'abbé.

Murph revint d'Angleterre avec sa famille, et pleura de joie en embrassant son ancien élève.

Au bout de quelques jours, sans pouvoir pénétrer la raison d'un changement qui l'affligeait profondément, le digne squire trouva Rodolphe froid, contraint envers lui et presque ironique lorsqu'il lui rappela leur vie rude et agreste.

Certain de la bonté naturelle du cœur du jeune prince, averti par un secret pressentiment, Murph le crut momentanément perverti par la pernicieuse influence de l'abbé Polidori, qu'il détestait d'instinct, et qu'il se promit d'observer attentivement.

De son côté, le prêtre, vivement contrarié du retour de Murph, dont il redoutait la franchise, le bon sens et la pénétration, n'eut qu'une seule pensée, celle de perdre le gentilhomme dans l'esprit de Rodolphe.

C'est à cette époque que Tom et Sarah furent présentés et accueillis à la cour de Gerolstein avec la plus extrême distinction.

Quelque temps avant leur arrivée, Rodolphe était parti avec un aide-de-camp et Murph pour inspecter les troupes de quelques garnisons. Cette excursion étant toute militaire, le grand-duc avait jugé convenable que l'abbé ne fût pas de ce voyage. Le prêtre, à son grand regret, vit Murph reprendre pour quelques jours ses anciennes fonctions auprès du jeune prince.

Le squire comptait beaucoup sur cette occasion de s'éclairer tout à fait sur la cause du refroidissement de Rodolphe. Malheureusement celui-ci, déjà savant dans l'art de dissimuler, et croyant dangereux de laisser pénétrer ses projets d'avenir par son ancien mentor, fut pour lui d'une cordialité charmante, feignit de regretter beaucoup le temps de sa première jeunesse et ses rustiques plaisirs, et le rassura presque complétement.

Nous disons *presque*, car certains dévouements sont doués d'un admirable instinct. Malgré les témoignages d'affection que lui donnait le jeune prince, Murph pressentait vaguement qu'il y avait un secret entre eux deux; en vain il voulut éclaircir ses soupçons, ses tentatives échouèrent devant la précoce duplicité de Rodolphe.

Pendant ce voyage l'abbé n'était pas resté oisif.

Les intrigants se devinent ou se reconnaissent à certains signes mystérieux, qui leur permettent de s'observer jusqu'à ce que leur intérêt les décide à une alliance ou à une hostilité déclarée.

Quelques jours après l'établissement de Sarah et de son frère à la cour du grand-duc, Tom était particulièrement lié avec l'abbé Polidori.

Ce prêtre s'avouait à lui-même, avec un odieux cynisme, qu'il avait une affinité naturelle presque involontaire pour les fourbes et pour les méchants; ainsi, disait-il, sans deviner positivement le but où tendaient Tom et Sarah, il s'était trouvé attiré vers eux par une sympathie trop vive pour ne pas leur supposer quelque dessein diabolique.

Quelques questions de Tom Seyton sur le caractère et sur les antécédents de Rodolphe, questions sans portée pour un homme moins en éveil que l'abbé, l'éclairèrent tout à coup sur les tendances du frère et de la sœur; seulement il ne crut pas à la jeune Écossaise des vues à la fois si honnêtes et si ambitieuses.

La venue de cette charmante fille parut à l'abbé un coup du sort. Rodolphe avait l'imagination enflammée d'amoureuses chimères; Sarah devait être la réalité ravissante qui remplacerait tant de songes charmants; car, pensait l'abbé, avant d'arriver au choix dans le plaisir et à la variété dans la volupté, on commence presque toujours par un attachement unique et romanesque. Louis XIV et Louis XV n'ont été peut-être fidèles qu'à *Marie Mancini* et à *Rosette d'Arey*.

Selon l'abbé, il en serait ainsi de Rodolphe et de la jeune Écossaise. Celle-ci prendrait sans doute une immense influence sur un cœur soumis au charme enchanteur d'un premier amour. Diriger, exploiter cette influence, et s'en servir pour perdre Murph à jamais, tel fut le plan de l'abbé.

En homme habile, il fit parfaitement entendre aux deux ambitieux qu'il faudrait compter avec lui, étant seul responsable auprès du grand-duc de la vie privée du jeune prince.

Ce n'était pas tout, il fallait se défier d'un ancien précepteur de ce dernier, qui l'accompagnait alors dans une inspection militaire : cet homme rude, grossier, hérissé de préjugés absurdes, avait eu autrefois une grande autorité sur l'esprit de Rodolphe, et pouvait devenir un surveillant dangereux ; et, loin d'excuser ou de tolérer les folles et charmantes erreurs de la jeunesse, il se regarderait comme obligé de les dénoncer à la sévère morale du grand-duc.

Tom et Sarah comprirent à demi-mot, quoiqu'ils n'eussent en rien instruit l'abbé de leurs secrets desseins. Au retour de Rodolphe et du squire, tous trois, rassemblés par leur intérêt commun, s'étaient tacitement ligués contre Murph, leur ennemi le plus redoutable.

CHAPITRE XI.

UN PREMIER AMOUR.

———

Ce qui devait arriver... arriva.

A son retour Rodolphe, voyant chaque jour Sarah, en devint follement épris. Bientôt elle lui avoua qu'elle partageait son amour, quoiqu'il dût, prévoyait-elle, leur causer de violents chagrins... Ils ne pouvaient jamais être heureux ; une trop grande distance les séparait ! Aussi recommanda-t-elle à Rodolphe la plus profonde discrétion, de peur d'éveiller les soupçons du grand-duc, qui serait inexorable, et les priverait de leur seul bonheur, celui de se voir chaque jour.

Rodolphe promit de s'observer et de cacher son amour. L'Écossaise était trop ambitieuse, trop sûre d'elle-même, pour se compromettre et se trahir aux yeux de la cour. Le jeune prince sentait aussi le besoin de la dissimulation; il imita la prudence de Sarah. L'amoureux secret fut parfaitement gardé pendant quelque temps.

Lorsque le frère et la sœur virent la passion effrénée de Rodolphe arrivée à son paroxysme, et son exaltation croissante, plus difficile à contenir de jour en jour, sur le point d'éclater et de tout perdre, ils portèrent le grand coup.

Le caractère de l'abbé autorisant cette confidence, d'ailleurs toute de moralité, Tom lui fit les premières ouvertures sur la nécessité d'un mariage entre Rodolphe et Sarah; sinon, ajoutait-il très-sincèrement, lui et sa sœur quitteraient immédiatement Gerolstein... Sarah partageait l'amour du prince; mais elle préférait la mort au déshonneur, et ne pouvait être que la femme de S. A.

Ces prétentions stupéfièrent le prêtre; il n'avait jamais cru Sarah si audacieusement ambitieuse. Un tel mariage, entouré de difficultés sans nombre, de dangers de toute sorte, parut impossible à l'abbé; il dit franchement à Tom les raisons pour lesquelles le grand-duc ne consentirait jamais à une telle union.

Tom accepta ces raisons, en reconnut l'importance; mais il proposa, comme un *mezzo termine* qui pouvait tout concilier, un mariage secret bien en règle, et seulement déclaré après la mort du grand-duc régnant.

Sarah était de noble et ancienne maison; une telle union ne manquait pas de précédents. Tom donnait à l'abbé, et conséquemment au prince, huit jours pour se décider : sa sœur ne supporterait pas plus long-temps les cruelles angoisses de l'incertitude; s'il lui fallait renoncer à l'amour de Rodolphe, elle prendrait cette douloureuse résolution le plus promptement possible.

Afin de motiver le brusque départ qui s'ensuivrait alors, Tom avait, en tous cas, adressé, disait-il, à un de ses amis d'Angleterre, une lettre qui devait être mise à la poste à Londres et renvoyée en Allemagne ; cette lettre contiendrait des motifs de retour assez puissants pour que Tom et Sarah se dissent absolument obligés de quitter pour quelque temps la cour du grand-duc.

Cette fois, du moins, l'abbé, servi par sa mauvaise opinion de l'humanité, devina la vérité.

Cherchant toujours une arrière-pensée aux sentiments les plus honnêtes, lorsqu'il sut que Sarah voulait légitimer son amour par un mariage, il vit là une preuve, non de vertu, mais d'ambition; à peine aurait-il cru au désintéressement de l'amour de la jeune fille si elle eût sacrifié son honneur à Rodolphe, ainsi qu'il l'en avait d'abord crue capable, lui supposant seulement l'intention d'être la maîtresse de son élève. Selon les *principes* de l'abbé, se *marchander*, faire la part du devoir, c'était ne pas aimer : — Faible et froid amour, disait-il, que celui qui s'inquiète du ciel et de la terre !

Certain de ne pas se tromper sur les vues de Sarah, l'abbé demeura fort perplexe. Après tout, le vœu qu'exprimait Tom au nom de sa sœur était des plus honorables. Que demandait-il? ou une séparation, ou une union légitime.

Malgré son cynisme, le prêtre n'eût pas osé s'étonner, aux yeux de Tom, des honorables motifs qui semblaient dicter la conduite de ce dernier, et lui dire crûment que lui et sa sœur avaient habilement manœuvré pour amener le prince à un mariage disproportionné.

L'abbé avait trois partis à prendre :

Avertir le grand-duc de ce complot matrimonial ;

Ouvrir les yeux de Rodolphe sur les manœuvres de Tom et de Sarah ;

Prêter les mains à ce mariage.

Mais :

Prévenir le grand-duc, c'était s'aliéner à tout jamais l'héritier présomptif de la couronne.

Éclairer Rodolphe sur les vues intéressées de Sarah, c'était s'exposer à être reçu comme on l'est toujours par un amoureux lorsqu'on vient lui déprécier l'objet aimé ; et puis quel terrible coup pour la vanité ou pour le cœur du jeune prince !... lui révéler que c'était surtout sa position souveraine qu'on voulait épouser ; et puis enfin, chose étrange ! lui, prêtre, viendrait blâmer la conduite d'une jeune fille qui voulait rester pure, et n'accorder qu'à son époux les droits d'un amant!

En se prêtant au contraire à ce mariage, l'abbé s'attachait le prince et sa femme par un lien de reconnaissance profonde, ou du moins par la solidarité d'un acte dangereux.

Sans doute tout pouvait se découvrir, et il s'exposait alors à la colère du grand-duc; mais le mariage serait conclu, l'union valable, l'orage passerait, et le futur souverain de Gerolstein se trouverait d'autant plus lié envers l'abbé que celui-ci aurait couru plus de danger à son service.

Après de mûres réflexions, l'abbé se décida donc à servir Sarah; néanmoins avec une certaine restriction dont nous parlerons plus tard.

La passion de Rodolphe était arrivée à son dernier période; violemment exaspéré par la contrainte et par les habilissimes séductions de Sarah, qui semblait souffrir encore plus que lui des obstacles insurmontables que l'honneur et le devoir mettaient à leur félicité... quelques jours de plus, le jeune prince se trahissait.

Qu'on y songe... c'était un premier amour, un amour aussi ardent que naïf, aussi confiant que passionné; pour l'exciter, Sarah avait déployé les ressources infernales de la coquetterie la plus raffinée. Non, jamais les émotions vierges d'un jeune homme plein de cœur, d'imagination et de flamme, ne furent plus longuement, plus savamment excitées; jamais femme ne fut plus dangereusement attrayante que Sarah... Tour à tour folâtre et triste, chaste et passionnée, pudique et provocante: ses grands yeux noirs, langoureux et brûlants, allumèrent dans l'âme effervescente de Rodolphe un feu inextinguible.

Lorsque l'abbé lui proposa de ne plus jamais voir cette fille enivrante, ou de la posséder par un mariage secret, Rodolphe sauta au cou du prêtre, l'appela son sauveur, son ami, son père. Le temple et le ministre eussent été là que le jeune prince eût épousé à l'instant.

L'abbé voulut, pour cause, se charger de tout.

Il trouva un ministre, des témoins ; et l'union (dont toutes les formalités furent soigneusement surveillées et vérifiées par Tom) fut secrètement célébrée pendant une courte absence du grand-duc, appelé à une conférence de la Diète germanique.

Les prédictions de la montagnarde écossaise étaient réalisées : Sarah épousait l'héritier d'une couronne.

Sans amortir les feux de son amour, la possession rendit Rodolphe plus circonspect, et calma cette violence qui aurait pu compromettre le secret de sa passion pour Sarah. Le jeune couple, protégé par Tom et par l'abbé, s'entendit si bien, mit tant de réserve dans ses relations, qu'elles échappèrent à tous les yeux.

Pendant les trois premiers mois de son mariage, Rodolphe fut le plus heureux des hommes : lorsque, la réflexion succédant à l'entraînement, il contempla sa position de sang-froid, il ne regretta pas de s'être enchaîné à Sarah par un lien indissoluble ; il renonça sans regrets pour l'avenir à cette vie galante, voluptueuse, efféminée, qu'il avait d'abord si ardemment rêvée, et il fit avec Sarah les plus beaux projets du monde sur leur règne futur.

Dans ces lointaines hypothèses, le rôle de premier ministre, que l'abbé s'était destiné *in petto*, diminuait beaucoup d'importance : Sarah se réservait ces fonctions gouvernementales; trop impérieuse pour ne pas ambitionner le pouvoir et la domination, elle espérait régner à la place de Rodolphe.

Un événement impatiemment attendu par Sarah changea bientôt ce calme en tempête.

Elle devint mère.

Alors se manifestèrent chez cette femme des exigences toutes nouvelles et effrayantes pour Rodolphe; elle lui déclara, en fondant en larmes hypocrites, qu'elle ne pouvait plus supporter la contrainte où elle vivait, contrainte que sa grossesse rendait plus pénible encore.

Dans cette extrémité, elle proposait résolument à Rodolphe de tout avouer au grand-duc : il s'était, ainsi que la grande-duchesse douairière, de plus en plus affectionné à Sarah. Sans doute, ajoutait celle-ci, il s'indignerait d'abord, s'emporterait; mais il aimait si tendrement, si aveuglément son fils; il avait pour elle, Sarah, tant d'affection, que le courroux paternel s'apaiserait peu à peu, et elle prendrait enfin à la cour de Gerolstein le rang qui lui appartenait, si cela se peut dire, doublement, puisqu'elle allait donner un enfant à l'héritier présomptif du grand-duc.

Cette prétention épouvanta Rodolphe; il connaissait le profond attachement de son père pour lui, mais il connaissait aussi l'inflexibilité des principes du grand-duc à l'endroit des devoirs de prince.

A toutes ses objections Sarah répondait impitoyablement :

— Je suis votre femme devant Dieu et devant les hommes. Dans quelque temps je ne pourrai plus cacher ma grossesse; je ne veux plus rougir d'une position dont je suis au contraire si fière, et dont je puis me glorifier tout haut.

La paternité avait redoublé la tendresse de Rodolphe pour Sarah. Placé entre le désir d'accéder à ses vœux et la crainte du courroux de son père, il éprouvait d'affreux déchirements. Tom prenait le parti de sa sœur.

— Le mariage est indissoluble — disait-il à son *sérénissime* beau-frère. — Le grand-duc peut vous exiler de sa cour, vous et votre femme; rien de plus. Or il vous aime trop pour se résoudre à une pareille mesure; il préférera tolérer ce qu'il n'aura pu empêcher.

Ces raisonnements, fort justes d'ailleurs, ne calmaient pas les anxiétés de Rodolphe. Sur ces entrefaites, Tom fut chargé par le grand-duc d'aller visiter plusieurs haras d'Autriche. Cette mission, qu'il ne pouvait refuser, ne devait le retenir que quinze jours au plus; il partit, à son grand regret, dans un moment très-décisif pour sa sœur.

Celle-ci fut à la fois chagrine et satisfaite de l'éloignement de son frère; elle perdait l'appui de ses conseils; mais aussi, dans le cas où tout se découvrirait, il serait à l'abri de la colère du grand-duc.

Sarah devait tenir Tom au courant, jour par jour, des différentes phases d'une affaire si importante pour tous deux. Afin de correspondre plus sûrement et plus secrètement, ils convinrent d'un chiffre.

Cette précaution seule prouve que Sarah avait à entretenir son frère d'autre chose que de son amour pour Rodolphe. En effet, cette femme égoïste, froide, ambitieuse, n'avait pas senti se fondre les glaces de son cœur à l'embrasement de l'amour passionné qu'elle avait allumé.

La maternité ne fut pour elle qu'un moyen d'action de plus sur Rodolphe, et n'attendrit pas même cette âme d'airain. La jeunesse, le fol amour, l'inexpérience de ce prince presque enfant, si perfidement attiré dans une position inextricable, lui inspiraient à peine de l'intérêt ; dans ses intimes confidences à Tom, elle se plaignait avec dédain et amertume de la faiblesse de cet adolescent, qui tremblait devant le plus paterne des princes allemands *qui vivait bien long-temps!*

En un mot, cette correspondance entre le frère et la sœur dévoilait clairement leur égoïsme intéressé, leurs ambitieux calculs, leur impatience... presque homicide, et mettait à nu les ressorts de cette trame ténébreuse couronnée par le mariage de Rodolphe.

Peu de jours après le départ de Tom, Sarah se trouvait au cercle de la grande-duchesse douairière.

Plusieurs femmes la regardaient d'un air étonné et chuchotaient avec leurs voisines.

La grande-duchesse Judith, malgré ses quatre-vingt-dix ans, avait l'oreille fine et la vue bonne : ce petit manége ne lui échappa pas. Elle fit signe à une des dames de son service de venir auprès d'elle, et apprit ainsi que l'on trouvait mademoiselle Sarah Seyton de Halsbury moins svelte, moins élancée que d'habitude.

La vieille princesse adorait sa jeune protégée; elle eût répondu à Dieu de la vertu de Sarah. Indignée de la méchanceté de ces observations, elle haussa les épaules, et dit tout haut, du bout du salon où elle se tenait :

— Ma chère Sarah, écoutez!

Sarah se leva.

Il lui fallut traverser le cercle pour arriver auprès de la princesse, qui voulait, dans une intention toute bienveillante et par le seul fait de cette *traversée*, confondre les calomniateurs et leur prouver victorieusement que la taille de sa protégée n'avait rien perdu de sa finesse et de sa grâce.

Hélas! l'ennemie la plus perfide n'eût pas mieux imaginé que n'imagina l'excellente princesse, dans son désir de défendre sa protégée.

Celle-ci vint à elle. Il fallut le profond respect qu'on portait à la grande-duchesse pour comprimer un murmure de surprise et d'indignation lorsque la jeune fille traversa le cercle.

Les gens les moins clairvoyants s'aperçurent de ce que Sarah ne *voulait pas* cacher plus long-temps, car sa grossesse aurait pu se dissimuler encore; mais l'ambitieuse femme avait ménagé cet éclat, afin de forcer Rodolphe à déclarer son mariage.

La grande-duchesse, ne se rendant pourtant pas encore à l'évidence, dit tout bas à Sarah :

— Ma chère enfant, vous êtes aujourd'hui

affreusement habillée... Vous qui avez une taille à tenir dans les dix doigts, vous n'êtes plus reconnaissable.

. . . .

Nous raconterons plus tard les suites de cette découverte, qui amena de grands et terribles événements. Mais nous dirons dès à présent ce que le lecteur a sans doute déjà deviné... que la *Goualeuse*, que *Fleur-de-Marie* était le fruit de ce malheureux mariage... était, enfin, la fille de Rodolphe et de Sarah... et que tous deux la croyaient morte.

. . . .

On n'a pas oublié que Rodolphe, après avoir visité la maison de la rue du Temple, était rentré chez lui, et qu'il devait, le soir même, se rendre à un bal donné par madame l'ambassadrice de ***.

C'est à cette fête que nous suivrons S. A. le grand-duc régnant de Gerolstein, GUSTAVE-RODOLPHE, voyageant en France sous le nom de *comte de Duren*.

CHAPITRE XII.

LE BAL.

A onze heures du soir, un suisse en grande livrée ouvrit la porte d'un hôtel de la rue Plumet, pour laisser sortir une magnifique berline bleue attelée de deux superbes gris à tous crins, et de la plus grande taille; sur le siége à large housse frangée de crépines de soie, se carrait un énorme cocher, rendu plus énorme encore par une pelisse bleue fourrée, à collet-pèlerine de martre, couturée d'argent sur toutes les tailles, et cuirassée de brandebourgs; derrière le carrosse un valet de pied gigantesque et poudré, vêtu d'une livrée bleue, jonquille et argent, accostait un chasseur aux moustaches formidables, galonné comme un tambour-major, et dont le chapeau, largement bordé, était à demi caché par une touffe de plumes jaunes et bleues.

Les lanternes jetaient une vive clarté dans l'intérieur de cette voiture doublée de satin; l'on pouvait y voir Rodolphe, assis à droite, ayant à sa gauche le baron Graün, et devant lui le fidèle Murph.

Par déférence pour le souverain que représentait l'ambassadeur chez lequel il se rendait au bal, Rodolphe portait seulement sur son habit la plaque diamantée de l'ordre de***.

Le ruban orange et la croix d'émail de grand-commandeur de *l'Aigle-d'Or de Gerolstein* pendaient au cou de sir Walter Murph; le baron de Graün était décoré des mêmes insignes. On ne parle que pour mémoire d'une innombrable quantité de croix de tous pays qui se balançaient à une chaînette d'or placée entre les deux premières boutonnières de son habit.

— Je suis tout heureux — dit Rodolphe — des bonnes nouvelles que madame Georges me donne sur ma pauvre petite protégée de la ferme de Bouqueval; les soins de David ont fait merveille. Sans la tristesse qui accable cette malheureuse enfant, elle va mieux. Et à propos de la *Goualeuse*, avouez, sir Walter Murph — ajouta Rodolphe en souriant — que si l'une de vos mauvaises connaissances de la Cité vous voyait ainsi *déguisé*, vaillant charbonnier... elle serait furieusement étonnée.

— Mais je crois, monseigneur, que Votre Altesse causerait la même surprise si elle voulait aller ce soir rue du Temple faire une visite d'amitié à madame Pipelet, dans l'intention d'égayer un peu la mélancolie de ce pauvre Alfred... qui ne demande qu'à vous aimer, ainsi qu'a dit cette estimable portière à Votre Altesse...

— Monseigneur nous a si parfaitement dépeint Alfred avec son majestueux habit vert, son air doctoral et son inamovible chapeau-tromblon — dit le baron — que je crois le voir trôner dans sa loge obscure et enfumée. Du reste, Votre Altesse est, j'ose l'espérer, satisfaite des indications de mon agent secret? Cette maison de la rue du Temple a complétement répondu à l'attente de monseigneur?

— Oui... — dit Rodolphe ; — j'ai même trouvé là plus que je n'attendais.—Puis, après un moment de triste silence, et pour chasser l'idée pénible que lui causaient ses craintes au sujet de la marquise d'Harville, il reprit d'un ton plus gai : — Je n'ose avouer cette puérilité, mais je trouve assez de piquant dans ces contrastes : un jour peintre en éventails, m'attablant dans un bouge de la rue aux Fèves ; ce matin commis-marchand, offrant un verre de cassis à madame Pipelet ; et ce soir... un des privilégiés, *par la grâce de Dieu*, qui règnent sur ce bas monde. *L'homme aux quarante écus* disait *mes rentes* tout comme un millionnaire — ajouta Rodolphe en manière de parenthèse et d'allusion au peu d'étendue de ses États.

— Mais bien des millionnaires, monseigneur, n'avaient pas le rare, l'admirable bon sens de l'homme aux quarante écus — dit le baron.

— Ah ! mon cher de Graün, vous êtes trop bon, mille fois trop bon; vous me comblez — reprit Rodolphe en feignant un air à la fois ravi et embarrassé, pendant que le baron regardait Murph en homme qui s'aperçoit trop tard qu'il a dit une sottise.

— En vérité — reprit Rodolphe avec un sérieux imperturbable — je ne sais, mon cher de Graün, comment reconnaître la bonne opinion que vous voulez bien avoir de moi, et surtout comment vous rendre la pareille.

— Monseigneur... je vous en supplie, ne prenez pas cette peine — dit le baron, qui avait un moment oublié que Rodolphe se vengeait toujours des flatteries, dont il avait horreur, par des railleries impitoyables.

— Comment donc, baron! mais je ne veux pas être en reste avec vous; voici malheureusement tout ce que je puis vous offrir pour le moment : d'honneur, c'est tout au plus si vous avez vingt ans, l'Antinoüs n'a pas des traits plus enchanteurs que les vôtres.

— Ah! monseigneur... grâce!...

— Regardez donc, Murph, l'Apollon du Belvéder a-t-il des formes à la fois plus sveltes, plus élégantes et plus juvéniles?

— Monseigneur... il y avait si long-temps que cela ne m'était arrivé...

— Et ce manteau de pourpre, comme il lui sied bien !

— Monseigneur... je me corrigerai !

— Et ce cercle d'or qui retient, sans les cacher, les boucles de sa belle chevelure noire qui flotte sur son cou divin...

— Ah ! monseigneur... grâce... grâce, je me repens... — dit le malheureux diplomate avec une expression de désespoir comique. (On n'a pas oublié qu'il avait cinquante ans, les cheveux gris, crêpés et poudrés, une haute cravate blanche, le visage maigre et des besicles d'or.)

— Vrai Dieu ! Murph, il ne lui manque qu'un carquois d'argent sur les épaules et un arc à la main pour avoir l'air du vainqueur du serpent Python !

— Pardon pour lui, monseigneur ; ne l'accablez pas sous le poids de cette mythologie — dit le squire en riant : — je suis caution auprès de Votre Altesse que de long-temps il ne s'avisera plus de dire... une flatterie; puisque dans le nouveau vocabulaire de Gerolstein le mot vérité se traduit ainsi.

— Comment! toi aussi, vieux Murph? à ce moment tu oses...

— Monseigneur, ce pauvre de Graün m'afflige... je désire partager sa punition.

— Monsieur mon charbonnier ordinaire, voilà un dévouement à l'amitié qui vous honore; mais, sérieusement, mon cher de Graün, comment oubliez-vous que je ne permets la flatterie qu'à d'Harmeins et à ses pareils? car, il faut être équitable, ils ne sauraient dire autre chose; c'est le ramage de leur plumage; mais un homme de votre goût et de votre esprit!... fi! baron.

— Et bien! monseigneur — dit résolument le baron — il y a beaucoup d'orgueil, que Votre Altesse me pardonne, dans votre aversion pour la louange.

— A la bonne heure! baron, j'aime mieux cela; expliquez-vous.

— Eh bien! monseigneur, c'est absolument comme si une très-jolie femme disait à un de ses admirateurs : Mon Dieu! je sais que je suis charmante; votre approbation est parfaitement vaine et fastidieuse. A quoi bon affirmer l'évidence? S'en va-t-on crier par les rues : Le soleil éclaire?

— Ceci est plus adroit, baron, et plus dangereux; aussi, pour varier votre supplice, je vous avouerai que cet infernal abbé Polidori n'eût pas trouvé mieux pour dissimuler le poison de la flatterie.

— Monseigneur, je me tais.

— Ainsi, Votre Altesse — dit sérieusement Murph cette fois — ne doute plus maintenant que ce ne soit l'abbé qu'elle ait retrouvé sous les traits du charlatan?

— Je n'en doute plus, puisque vous avez été prévenu qu'il était à Paris depuis quelque temps.

— J'avais oublié, ou plutôt omis, de vous parler de lui, monseigneur — dit tristement Murph — parce que je sais combien le souvenir de ce prêtre est odieux à Votre Altesse.

Les traits de Rodolphe s'assombrirent de nouveau, et, plongé dans de tristes réflexions, il garda le silence jusqu'au moment où la voiture entra dans la cour de l'ambassade.

Toutes les fenêtres de cet immense hôtel

brillaient éclairées dans la nuit noire; une haie de laquais en grande livrée s'étendait depuis le péristyle et les antichambres jusqu'aux salons d'attente où se trouvaient les valets de chambre; c'était un luxe imposant et royal.

M. le comte *** et madame la comtesse *** avaient eu le soin de se tenir dans leur premier salon de réception jusqu'à l'arrivée de Rodolphe. Il entra bientôt, suivi de Murph et de M. de Graün.

Rodolphe était alors âgé de trente-six ans; mais, quoiqu'il approchât du déclin de la vie, la parfaite régularité de ses traits, nous l'avons dit, peut-être trop beaux pour un homme, l'air de dignité affable répandu dans toute sa personne, l'auraient toujours rendu extrêmement remarquable, lors même que ces avantages n'eussent pas été rehaussés de l'auguste éclat de son rang.

Lorsqu'il parut dans le premier salon de l'ambassade, il semblait transformé; ce n'était plus la physionomie tapageuse, la démarche alerte et hardie du peintre d'éventails vainqueur du Chourineur; ce n'était plus le commis goguenard qui sympathisait si gaiement aux infortunes de madame Pipelet...

C'était un prince dans l'idéalité poétique du mot.

Rodolphe porte la tête haute et fière; ses cheveux châtains, naturellement bouclés, encadrent son front large, noble et ouvert; son regard est rempli de douceur et de dignité; s'il parle à quelqu'un avec la spirituelle bienveillance qui lui est naturelle, son sourire, plein de charme et de finesse, laisse voir des dents d'émail que la teinte foncée de sa légère moustache rend plus éblouissantes encore; ses favoris bruns, encadrant l'ovale parfait de son visage pâle, descendent jusqu'au bas de son menton à fossette et un peu saillant.

Rodolphe est vêtu très-simplement. Sa cravate et son gilet sont blancs; un habit bleu boutonné très-haut, et au côté gauche duquel brille une plaque de diamants, dessine sa taille, aussi fine qu'élégante et souple; enfin quelque chose de mâle, de résolu dans son attitude, corrige ce qu'il y a peut-être de *trop* agréable dans ce gracieux ensemble.

Rodolphe allait si peu dans le monde, il avait l'air si prince, que son arrivée produisit une certaine sensation ; tous les regards s'arrêtèrent sur lui lorsqu'il parut dans le premier salon de l'ambassade, accompagné de Murph et du baron de Graün, qui se tenaient à quelques pas derrière lui.

Un attaché, chargé de surveiller sa venue, alla aussitôt en avertir la comtesse***; celle-ci, ainsi que son mari, s'avança au-devant de Rodolphe en lui disant :

— Je ne sais comment exprimer à Votre Altesse toute ma reconnaissance pour la faveur dont elle daigne nous honorer aujourd'hui.

— Vous savez, madame l'ambassadrice, que je suis toujours très-empressé de vous faire ma cour, et très-heureux de pouvoir dire à M. l'ambassadeur combien je lui suis affectionné ; car nous sommes d'anciennes connaissances, monsieur le comte.

— Votre Altesse est trop bonne de vouloir bien se le rappeler, et de me donner un nouveau motif de ne jamais oublier ses bontés.

— Je vous assure, monsieur le comte, que ce n'est pas ma faute si certains souvenirs me sont toujours présents ; j'ai le bonheur de ne garder la mémoire que de ce qui m'a été très-agréable.

— Mais Votre Altesse est merveilleusement douée — dit en souriant la comtesse de***.

— N'est-ce pas, madame? Ainsi, dans bien des années, j'aurai, je l'espère, le plaisir de vous rappeler ce jour, et le goût, l'élégance extrêmes qui président à ce bal... Car, franchement, je puis vous dire cela tout bas, il n'y a que vous qui sachiez donner des fêtes.

— Monseigneur !...

— Et ce n'est pas tout ; dites-moi donc, monsieur l'ambassadeur, pourquoi les femmes me paraissent toujours plus jolies ici qu'ailleurs ?

— C'est que Votre Altesse étend jusqu'à elles la bienveillance dont elle nous comble.

— Permettez-moi de ne pas être de votre avis, monsieur le comte ; je crois que cela dépend absolument de madame l'ambassadrice.

—Votre Altesse voudrait-elle avoir la bonté de m'expliquer ce prodige? — dit la comtesse en souriant.

— Mais c'est tout simple, madame; vous savez accueillir toutes ces belles dames avec une urbanité si parfaite, avec une grâce si exquise, vous leur dites à chacune un mot si charmant et si flatteur, que celles qui ne méritent pas tout à fait... tout à fait cette louange si aimable — dit Rodolphe en souriant avec malice — sont d'autant plus radieuses d'être distinguées par vous, tandis que celles qui la méritent... sont non moins radieuses d'être appréciées par vous. Ces innocentes satisfactions épanouissent toutes les physionomies; le bonheur rend attrayantes les moins agréables, et voilà pourquoi, madame la comtesse, les femmes semblent toujours plus jolies chez vous qu'ailleurs... Je suis sûr que monsieur l'ambassadeur dira comme moi.

— Votre Altesse me donne de trop bonnes raisons de penser comme elle pour que je ne m'y rende pas.

— Et moi, monseigneur — dit la comtesse de***— au risque de devenir aussi jolie que les belles dames qui ne méritent pas tout à fait... tout à fait les louanges qu'on leur donne, j'accepte la flatteuse explication de Votre Altesse avec autant de reconnaissance et de plaisir que si c'était une vérité...

— Pour vous convaincre, madame, que rien n'est plus réel, faisons quelques observations à propos des effets de la louange sur la physionomie...

— Ah! monseigneur... ce serait un piége horrible — dit en riant la comtesse de***.

— Allons, madame l'ambassadrice, je renonce à mon projet, mais à une condition... c'est que vous me permettrez de vous offrir un moment mon bras... On m'a parlé d'un jardin de fleurs... véritablement féerique au mois de janvier... Est-ce que vous seriez assez bonne pour me conduire à cette merveille des *Mille et une Nuits?*

— Avec le plus grand plaisir, monseigneur... mais on a fait un récit très-exagéré à Votre Altesse... Elle va d'ailleurs en juger... à moins que son indulgence habituelle ne l'abuse...

Rodolphe offrit son bras à l'ambassadrice, et entra avec elle dans les autres salons, pendant que le comte *** s'entretenait avec le baron de Graün et Murph, qu'il connaissait de-depuis long-temps.

CHAPITRE XIII.

LE JARDIN D'HIVER.

Rien en effet de plus féerique, de plus digne des *Mille et une Nuits* que le jardin dont Rodolphe avait parlé à madame la comtesse de ***.

Qu'on se figure, aboutissant à une longue et splendide galerie, un emplacement de quarante toises de longueur sur trente de largeur ; une cage vitrée, d'une extrême légèreté et façonnée en voûte, recouvre à une hauteur de cinquante pieds environ ce parallélogramme ; ses murailles, recouvertes d'une infinité de glaces sur lesquelles se croisent les petites losanges vertes d'un treillage de jonc à mailles très-serrées, ressemblent à un berceau à jour, grâce à la réflexion de la lumière sur les miroirs; une palissade d'orangers aussi gros que ceux des Tuileries, et des camélias de même force, les premiers chargés de fruits brillants comme autant de pommes d'or sur un feuillage d'un vert lustré, les seconds émaillés de fleurs pourpres, blanches et roses, tapisse toute l'étendue de ces murs.

Ceci est la clôture de ce jardin.

Cinq ou six énormes massifs d'arbres et d'arbustes de l'Inde ou des tropiques, plantés dans de profonds encaissements de terre de bruyère, sont environnés d'allées marbrées d'une charmante mosaïque de coquillages, et assez larges pour que deux ou trois personnes puissent s'y promener de front.

Il est impossible de peindre l'effet que produisait, en plein hiver et pour ainsi dire au milieu d'un bal, cette riche et puissante végétation exotique.

Ici des bananiers énormes atteignent presque les vitres de la voûte, et mêlent leurs larges palmes d'un vert lustré aux feuilles lancéolées des grands magnoliers, dont quelques-uns sont déjà couverts de grosses fleurs aussi odorantes que magnifiques ; de leur calice en forme de cloches, pourpre au dehors, argenté en dedans, s'élancent des étamines d'or ; plus loin, des palmiers, des dattiers du Levant, des lataniers rouges, des figuiers de l'Inde, tous robustes, vivaces, feuillus, complètent ces immenses massifs de verdure ; verdure crue, lustrée, brillante comme celle de tous les végétaux des tropiques, qui semble emprunter l'éclat de l'émeraude, tant les feuilles de ces arbres, épaisses, charnues, vernissées, sont revêtues de teintes étincelantes et métalliques.

Le long des treillages, entre les orangers, parmi les massifs, enlacées d'un arbre à l'autre, ici en guirlandes de feuilles et de fleurs, là contournées en spirales, plus loin mêlées en réseaux inextricables, courent, serpentent, grimpent jusqu'au faîte de la voûte vitrée, une innombrable quantité de plantes sarmenteuses ; les grenadilles ailées, les passiflores aux larges fleurs de pourpre striées d'azur et couronnées d'une aigrette d'un violet noir, retombent du faîte de la voûte comme de colossales guirlandes, et semblent vouloir y remonter en jetant leurs vrilles délicates aux flèches des gigantesques aloès.

Ailleurs un bignonia de l'Inde, aux longs calices d'un jaune soufre, au feuillage léger, est entouré d'un stéphanotis aux fleurs charnues et blanches, qui répandent une senteur si suave; ces deux lianes ainsi enlacées festonnent de leur frange verte à clochettes d'or et d'argent les feuilles immenses et veloutées d'un figuier de l'Inde.

Plus loin enfin jaillissent et retombent en cascade végétale et diaprée une innombrable quantité de tiges d'asclépiades dont les feuilles et les ombelles de quinze ou vingt fleurs étoilées sont si épaisses, si polies, qu'on dirait des bouquets d'émail rose, entourés de petites feuilles de porcelaine verte.

Les bordures des massifs se composent de bruyères du cap, de tulipes de Thol, de narcisses de Constantinople, d'hyacinthes de Perse, de cyclamens, d'iris, qui forment une sorte de tapis naturel où toutes les couleurs, toutes les nuances se confondent de la manière la plus splendide.

Des lanternes chinoises d'une soie transparente, les unes d'un bleu, les autres d'un rose très-pâle, çà et là à demi cachées par le feuillage, éclairent ce jardin.

Il est impossible de rendre la lueur mystérieuse et douce qui résultait du mélange de ces deux nuances ; lueur charmante, fantastique, qui tenait de la limpidité bleuâtre d'une belle nuit d'été légèrement rosée par les reflets vermeils d'une aurore boréale.

On arrivait à cette immense serre chaude, surbaissée de deux ou trois pieds, par une longue galerie éblouissante d'or, de glaces, de cristaux, de lumières. Cette flamboyante clarté encadrait, pour ainsi dire, la pénombre où se dessinaient vaguement les grands arbres du jardin d'hiver, que l'on apercevait à travers une large baie à demi fermée par deux hautes portières de velours cramoisi.

On eût dit une gigantesque fenêtre ouverte sur quelque beau paysage d'Asie pendant la sérénité d'une nuit crépusculaire.

Vue du fond du jardin, où étaient disposés d'immenses divans sous un dôme de feuillage et de fleurs, la galerie offrait un contraste inverse avec la douce obscurité de la serre.

C'était au loin une espèce de brume lumineuse, dorée, sur laquelle étincelaient, miroitaient, comme une broderie vivante, les couleurs éclatantes et variées des robes de femmes, et les scintillations prismatiques des pierreries et des diamants.

Les sons de l'orchestre, affaiblis par la distance et par le sourd et joyeux bourdonnement de la galerie, venaient mélodieusement mourir dans le feuillage immobile des grands arbres exotiques.

Involontairement on parlait à voix basse dans ce jardin, on y entendait à peine le bruit léger des pas et le frôlement des robes de satin ; cet air à la fois léger, tiède et embaumé des mille suaves senteurs des plantes aromatiques, cette musique vague lointaine jetaient tous les sens dans une douce et molle quiétude.

Certes, deux amants nouvellement épris et heureux, assis sur la soie dans quelque coin ombreux de cet Éden, enivrés d'amour, d'harmonie et de parfum, ne pouvaient trouver un cadre plus enchanteur pour leur passion ardente et encore à son aurore; car, hélas! un ou deux mois de bonheur paisible et assuré changent si maussadement deux amants en froids époux.

En arrivant dans ce ravissant jardin d'hiver, Rodolphe ne put retenir une exclamation de surprise, et dit à l'ambassadrice :

— En vérité, madame, je n'aurais pas cru une telle merveille possible. Ce n'est plus seulement un grand luxe joint à un goût exquis, c'est de la poésie en action; au lieu d'écrire comme un poète, de peindre comme un grand peintre, vous créez.... ce qu'ils oseraient à peine rêver.

— Votre Altesse est mille fois trop bonne.

— Franchement, avouez que celui qui saurait rendre fidèlement ce tableau enchanteur avec son charme de couleurs et de contrastes, là-bas ce tumulte éblouissant, ici cette délicieuse retraite, avouez, madame, que celui-là, peintre ou poète, ferait une œuvre admirable.... et cela seulement en reproduisant la vôtre.

— Les louanges que l'indulgence de Votre

Altesse lui inspire sont d'autant plus dangereuses qu'on ne peut s'empêcher d'être charmé de leur esprit, et qu'on les écoute malgré soi avec un plaisir extrême. Mais regardez donc, monseigneur, quelle charmante jeune femme! Votre Altesse m'accordera du moins que la marquise d'Harville doit être jolie *partout*. N'est-elle pas ravissante de grâce? Ne gagne-t-elle pas encore au contraste de la sévère beauté qui l'accompagne?

La comtesse Sarah Mac-Grégor et la marquise d'Harville descendaient en ce moment les quelques marches qui de la galerie conduisaient au jardin d'hiver.

CHAPITRE XIV.

LE RENDEZ-VOUS.

Les louanges adressées à madame d'Harville par l'ambassadrice n'étaient pas exagérées.

Rien ne saurait donner une idée de cette figure enchanteresse, où s'épanouissait alors toute la fleur d'une délicate beauté; beauté d'autant plus rare qu'elle résidait moins encore dans la régularité des traits que dans le charme inexprimable de la physionomie de la marquise, dont le charmant visage se voilait, pour ainsi dire, modestement sous une touchante expression de *bonté*.

Nous insistons sur ce dernier mot, parce que d'ordinaire ce n'est pas précisément la *bonté* qui prédomine dans la physionomie d'une jeune femme de vingt ans, belle, spirituelle, recherchée, adulée, comme l'était madame d'Harville. Aussi se sentait-on singulièrement intéressé par le contraste de cette douceur ineffable avec les succès dont jouissait madame d'Harville, sans compter les avantages de naissance, de nom et de fortune qu'elle réunissait.

Nous essaierons de faire comprendre toute notre pensée.

Trop digne, trop éminemment douée pour aller coquettement au-devant des hommages, madame d'Harville se montrait cependant aussi affectueusement reconnaissante de ceux qu'on lui rendait que si elle les eût à peine mérités; elle n'en était pas fière, mais heureuse; indifférente aux louanges, mais très-sensible à la bienveillance, elle distinguait parfaitement la flatterie de la sympathie.

Son esprit juste, fin, parfois malin sans méchanceté, poursuivait surtout d'une raillerie spirituelle et inoffensive ces gens ravis d'eux-mêmes, toujours occupés d'attirer l'attention, de mettre constamment en évidence leur figure radieuse d'une foule de sots bonheurs et bouffie d'une foule de sots orgueils... — Gens — disait plaisamment madame d'Harville — qui toute leur vie ont l'air de danser *le cavalier seul* en face d'un miroir invisible, auquel ils sourient complaisamment.

Un caractère à la fois timide et presque fier dans sa réserve inspirait au contraire à madame d'Harville un intérêt certain.

Ces quelques mots aideront, pour ainsi dire, à l'intelligence de la beauté de la marquise.

Son teint, d'une éblouissante pureté, se nuançait du plus frais incarnat; de longues boucles de cheveux châtain-clair effleuraient ses épaules arrondies, fermes et lustrées comme un beau marbre blanc. On peindrait difficilement l'angélique beauté de ses grands yeux gris, frangés de longs cils noirs. Sa bouche vermeille, d'une mansuétude adorable, était à ses yeux charmants ce que sa parole affable et touchante devait être à son regard mélancolique et doux. Nous ne parlerons ni de sa taille accomplie, ni de l'exquise distinction de toute sa personne. Elle portait une robe de crêpe blanc, garnie de camélias roses naturels et de feuilles du même arbuste, parmi lesquelles des diamants, à demi cachés çà et là, brillaient comme autant de gouttes d'étincelante rosée; une guirlande semblable était placée avec grâce sur son front pur et blanc.

Le genre de beauté de la comtesse Sarah Mac-Gregor faisait encore valoir la marquise d'Harville.

Agée de trente-cinq ans environ, Sarah paraissait à peine en avoir trente. Rien ne semble plus *sain au corps* que le froid égoïsme; on se conserve long-temps frais dans cette glace.

Certaines âmes sèches, dures, inaltérables aux émotions qui usent le cœur, flétrissent les traits, ne ressentent jamais que les déconvenues de l'orgueil ou les mécomptes de l'ambition déçue; ces chagrins n'ont qu'une faible réaction sur le physique.

La *conservation* de Sarah prouvait ce que nous avançons.

Sauf un léger embonpoint qui donnait à sa taille plus grande, mais moins svelte que celle de madame d'Harville, une grâce voluptueuse, Sarah brillait d'un éclat tout juvénile; peu de regards pouvaient soutenir le feu trompeur de ses yeux ardents et noirs; ses lèvres humides et rouges (menteuses à demi) exprimaient la résolution et la sensualité. Le réseau bleuâtre des veines de ses tempes et de son cou apparaissait sous la blancheur lactée de sa peau transparente et fine.

La comtesse Mac-Gregor portait une robe de moire paille sous une tunique de crêpe de la même couleur; une simple couronne de feuilles naturelles de pyrrus d'un vert d'émeraude ceignait sa tête et s'harmonisait à merveille avec ses bandeaux de cheveux noirs comme de l'encre, et séparés sur son front qui surmontait un nez aquilin à narines ouvertes. Cette coiffure sévère donnait un cachet antique au profil impérieux et passionné de cette femme.

Beaucoup de gens, dupes de leur figure, voient une irrésistible vocation dans le caractère de leur physionomie. L'un se trouve l'air excessivement guerrier, il guerroie; l'autre rimeur, il rime; conspirateur, il conspire; politique, il politique; prédicateur, il prêche... Sarah se trouvait, non sans raison, un air parfaitement royal; elle dut accepter les prédictions à demi réalisées de la highlandaise, et persister dans sa croyance à une destinée souveraine...

La marquise et Sarah avaient aperçu Rodolphe dans le jardin d'hiver, au moment où elles y descendaient; mais le prince parut ne pas les voir, car il se trouvait au détour d'une allée lorsque les deux femmes arrivèrent.

. . . .

— Le prince est si occupé de l'ambassadrice — dit madame d'Harville à Sarah — qu'il n'a pas fait attention à nous...

— Ne croyez pas cela, ma chère Clémence — répondit la comtesse, qui était tout à fait dans l'intimité de madame d'Harville; — le prince nous a au contraire parfaitement vues; mais je lui ai fait peur... Sa bouderie dure toujours.

— Moins que jamais je comprends son opiniâtreté à vous éviter : souvent je lui ai reproché l'étrangeté de sa conduite envers vous... une ancienne amie. « La comtesse

Sarah et moi nous sommes ennemis mortels — m'a-t-il répondu en plaisantant; — j'ai fait vœu de ne jamais lui parler; et il faut — a-t-il ajouté — que ce vœu soit bien sacré pour que je me prive de l'entretien d'une personne si aimable. » Aussi, ma chère Sarah, toute singulière que m'ait paru cette réponse, j'ai bien été obligée de m'en contenter (1).

— Je vous assure que la cause de cette brouillerie mortelle, demi-plaisante, demi-sérieuse, est pourtant des plus innocentes; si un tiers n'y était pas intéressé depuis longtemps, je vous aurais confié ce grand secret... Mais qu'avez-vous donc, ma chère enfant?.. vous paraissez préoccupée.

— Ce n'est rien... tout à l'heure il faisait si chaud dans la galerie, que j'ai ressenti un peu de migraine; asseyons-nous un moment ici... cela passera... je l'espère.

— Vous avez raison; tenez, voilà justement un coin bien obscur; vous serez là parfaite-

(1) L'amour de Rodolphe pour Sarah, et les événements qui succédèrent à cet amour, remontant à dix-sept ou dix-huit ans, étaient complétement ignorés dans le monde, Sarah et Rodolphe ayant autant d'intérêt l'un que l'autre à le cacher.

ment à l'abri des recherches de ceux que votre absence va désoler... — ajouta Sarah en souriant et en appuyant sur ces mots.

Toutes deux s'assirent sur un divan.

— J'ai dit *ceux* que votre absence va désoler, ma chère Clémence... Ne me savez-vous pas gré de ma discrétion?

La jeune femme rougit légèrement, baissa la tête et ne répondit rien.

— Combien vous êtes peu raisonnable! — lui dit Sarah d'un ton de reproche amical. — N'avez-vous pas confiance en moi, enfant. Sans doute enfant : je suis d'un âge à vous appeler ma fille.

— Moi! manquer de confiance envers vous! — dit la marquise à Sarah avec tristesse; — ne vous ai-je pas dit au contraire ce que je n'aurais jamais dû m'avouer à moi-même?

— A merveille. Eh bien! voyons... parlons de lui : vous avez donc juré de le désespérer jusqu'à la mort?

— Ah! — s'écria madame d'Harville avec effroi — que dites-vous?

— Vous ne le connaissez pas encore, pauvre chère enfant... C'est un homme d'une énergie froide, pour qui la vie est peu de chose. Il a toujours été si malheureux... et l'on dirait que vous prenez encore plaisir à le torturer !

— Pensez-vous cela ? mon Dieu !

— C'est sans le vouloir, peut-être; mais cela est... Oh! si vous saviez combien ceux qu'une longue infortune a accablés sont douloureusement susceptibles et impressionnables ! Tenez, tout à l'heure, j'ai vu deux grosses larmes rouler dans ses yeux.

— Il serait vrai ?

— Sans doute... Et cela au milieu d'un bal; et cela au risque d'être perdu de ridicule si l'on s'apercevait de cet amer chagrin. Savez-vous qu'il faut bien aimer pour souffrir ainsi... et surtout pour ne pas songer à cacher au monde que l'on souffre ainsi ?...

— De grâce, ne me parlez pas de cela — reprit madame d'Harville d'une voix émue; — vous me faites un mal horrible... Je ne connais que trop cette expression de souffrance à la fois si douce et si résignée... Hélas! c'est la pitié qu'il m'inspirait qui m'a perdue...

— dit involontairement madame d'Harville.

Sarah ne parut pas avoir compris la portée de ce dernier mot, et reprit :

— Quelle exagération!... perdue pour être en coquetterie avec un homme qui pousse même la discrétion et la réserve jusqu'à ne pas se faire présenter à votre mari, de peur de vous compromettre! M. Charles Robert n'est-il pas un homme rempli d'honneur, de délicatesse et de cœur? Si je le défends avec cette chaleur, c'est que vous l'avez connu et surtout vu chez moi, et qu'il a pour vous autant de respect que d'attachement...

— Je n'ai jamais douté de ses nobles qualités, vous m'avez toujours dit tant de bien de lui... Mais, vous le savez, ce sont surtout ses malheurs qui l'ont rendu intéressant à mes yeux.

— Et combien il mérite et justifie cet intérêt! avouez-le. Et puis d'ailleurs comment un si admirable visage ne serait-il pas l'image de l'âme? Avec sa haute et belle taille, il me rappelle les preux des temps chevaleresques. Je l'ai vu une fois en uniforme : il était impossible d'avoir un plus grand air. Certes, si la noblesse se mesurait au mérite et à la figure, au lieu d'être simplement M. Charles Robert, il serait duc et pair. Ne représenterait-il pas merveilleusement bien un des plus grands noms de France?

— Vous n'ignorez pas que la noblesse de naissance me touche peu, vous qui me reprochez parfois d'être un peu républicaine — dit madame d'Harville en souriant.

— Certes, j'ai toujours pensé, comme vous, que M. Charles Robert n'avait pas besoin de titres pour être aimable; et puis quel talent! quelle voix charmante! De quelle ressource il nous a été dans nos concerts intimes du matin! vous souvenez-vous? La première fois que vous avez chanté ensemble, quelle expression il mettait dans son duo avec vous! quelle émotion!...

— Tenez, je vous en prie — dit madame d'Harville après un long silence — changeons de conversation.

— Pourquoi?

— Cela m'attriste profondément; ce que vous m'avez dit tout à l'heure de son air désespéré...

— Je vous assure que, dans l'excès du chagrin, un caractère aussi passionné peut chercher dans la mort un terme à...

— Oh! je vous en prie, taisez-vous! taisez-vous — dit madame d'Harville en interrompant Sarah — cette pensée m'est déjà venue...

Puis, après un assez long silence, la marquise dit :

— Encore une fois, parlons d'autre chose... de votre ennemi mortel — ajouta-t-elle avec une gaieté affectée; — parlons du prince, que je n'avais pas vu depuis long-temps. Savez-vous qu'il est toujours charmant, quoique presque roi? Toute républicaine que je suis, je trouve qu'il y a peu d'hommes aussi agréables que lui.

Sarah jeta à la dérobée un regard scrutateur et soupçonneux sur madame d'Harville, et reprit gaiement :

— Avouez, chère Clémence, que vous êtes très-capricieuse. Je vous ai connu des alternatives d'admiration et d'aversion singulière pour le prince; il y a quelques mois, lors de son arrivée ici, vous en étiez tellement fanatique, qu'entre nous... j'ai craint un moment pour le repos de votre cœur.

— Grâce à vous, du moins — dit madame d'Harville en souriant — mon admiration n'a pas été de longue durée; vous avez si bien joué le rôle d'ennemie mortelle, vous m'avez fait de telles révélations sur le prince... que, je l'avoue, l'éloignement a remplacé le *fanatisme* qui vous faisait craindre pour le repos de mon cœur : repos que votre ennemi ne songeait d'ailleurs guère à troubler; car, peu de temps avant vos révélations, le prince, tout en continuant de voir intimement mon mari, avait presque cessé de m'honorer de ses visites.

— A propos! et votre mari, est-il ici ce soir? — dit Sarah.

— Non! il n'a pas désiré sortir — répondit madame d'Harville avec embarras.

— Il va de moins en moins dans le monde, ce me semble?

— Oui... quelquefois il préfère rester chez lui.

La marquise était visiblement embarrassée; Sarah s'en aperçut et continua :

— La dernière fois que je l'ai vu, il m'a semblé plus pâle qu'à l'ordinaire.

— Oui... il a été un peu souffrant...

— Tenez, ma chère Clémence, voulez-vous que je sois franche?

— Je vous en prie...

— Quand il s'agit de votre mari, vous êtes souvent dans un état d'anxiété singulière.

— Moi... Quelle folie!

— Quelquefois, en parlant de lui, et cela bien malgré vous, votre physionomie exprime... mon Dieu! comment vous dirai-je cela?... — et Sarah appuya sur les mots suivants en ayant l'air de vouloir lire jusqu'au fond du cœur de Clémence : — Oui, votre physionomie exprime une sorte... de répugnance craintive...

Les traits impassibles de madame d'Harville défièrent d'abord le regard inquisiteur de Sarah : pourtant celle-ci s'aperçut d'un léger tremblement nerveux, mais presque insensible, qui agita un instant la lèvre inférieure de la jeune femme.

Ne voulant pas pousser plus loin ses investigations et surtout éveiller la défiance de son *amie*, la comtesse se hâta d'ajouter, pour donner le change à la marquise :

— Oui, une répugnance craintive, comme celle qu'inspire ordinairement un jaloux bourru...

A cette interprétation, le léger mouvement convulsif de la lèvre de madame d'Harville cessa ; elle parut soulagée d'un poids énorme, et répondit :

— Mais non, M. d'Harville n'est ni bourru ni jaloux... — Puis, cherchant sans doute le prétexte de rompre une conversation qui lui pesait, elle s'écria tout à coup : — Ah ! mon Dieu, voici cet insupportable duc de Lucenay, un des amis de mon mari... Pourvu qu'il ne nous aperçoive pas ! D'où sort-il donc ? Je le croyais à mille lieues d'ici !

— En effet, on le disait parti pour un voyage d'un an ou deux en Orient ; il y a cinq mois à peine qu'il a quitté Paris. Voilà une brusque arrivée, qui a dû singulièrement contrarier la duchesse de Lucenay, quoique le duc ne soit guère gênant — dit Sarah avec un sourire méchant. — Elle ne sera d'ailleurs pas seule à maudire ce fâcheux retour..... M. de Saint-Remy partagera son chagrin.

— Ne soyez donc pas médisante, ma chère Sarah; dites que ce retour sera fâcheux... pour tout le monde... M. de Lucenay est assez désagréable pour que vous généralisiez votre reproche.

— Médisante? Non, certes; je ne suis en cela qu'un écho. On dit encore que M. de Saint-Remy, modèle des élégants, qui a ébloui tout Paris de son faste, est à peu près ruiné, quoique son train diminue à peine; il est vrai que madame de Lucenay est puissamment riche...

— Ah! quelle horreur!..

— Encore une fois, je ne suis qu'un écho... Ah! mon Dieu! le duc nous a vues. Il vient, il faut se résigner. C'est désolant; je ne sais rien au monde de plus insupportable que cet homme; il est souvent de si mauvaise compagnie, il rit si haut de ses sottises, il est si bruyant, qu'il en est étourdissant; si vous tenez à votre flacon ou à votre éventail, défendez-les courageusement contre lui, car il a encore l'inconvénient de briser tout ce qu'il touche, et cela de l'air le plus badin et le plus satisfait du monde.

Appartenant à une des plus grandes maisons de France, jeune encore, d'une figure qui n'eût pas été désagréable sans la longueur grotesque et démesurée de son nez, M. le duc de Lucenay joignait à une turbulence et à une agitation perpétuelle des éclats de voix et de rire si retentissants, des propos souvent d'un goût si détestable, des attitudes d'une désinvolture si cavalière et si inattendue, qu'il fallait à chaque instant se rappeler son nom pour ne pas s'étonner de le voir au milieu de la société la plus distinguée de Paris, et pour comprendre que l'on tolérât ses excentricités de gestes et de langage, auxquelles l'habitude avait d'ailleurs assuré une sorte de prescription ou d'impunité. On le fuyait comme la peste, quoiqu'il ne manquât pas d'ailleurs d'un certain esprit qui pointait çà et là à travers la plus incroyable exubérance de paroles. C'était un de ces êtres vengeurs, aux mains desquels on souhaitait toujours de voir tomber les gens ridicules ou haïssables.

Madame la duchesse de Lucenay, une des femmes les plus agréables et encore des plus à la mode de Paris, malgré ses trente ans sonnés, avait fait souvent parler d'elle; mais on excusait presque la légèreté de sa conduite en songeant aux insupportables bizarreries de M. de Lucenay.

Un dernier trait de ce caractère fâcheux, c'était une intempérance et un cynisme d'expressions inouï à propos d'indispositions saugrenues ou d'infirmités impossibles ou absurdes qu'il s'amusait à vous supposer, et dont il vous plaignait tout haut devant cent personnes. Parfaitement brave d'ailleurs, et allant au-devant des conséquences de ses mauvaises plaisanteries, il avait donné ou reçu de nombreux coups d'épée sans se corriger davantage.

Ceci posé, nous ferons retentir aux oreilles du lecteur la voix aigre et perçante de M. de Lucenay, qui, du plus loin qu'il aperçut madame d'Harville et Sarah, se mit à crier:

—Eh bien! eh bien! qu'est-ce que c'est que ça? qu'est-ce que je vois-là... Comment?... la plus jolie femme du bal qui se tient à l'écart... est-ce que c'est permis? Faut-il que je revienne des antipodes pour faire cesser un tel scandale? D'abord, si vous continuez de vous dérober à l'admiration générale, marquise, je crie comme un brûlé... je crie à la disparition du plus charmant ornement de cette fête!

Et, pour péroraison, M. de Lucenay se jeta pour ainsi dire à la renverse à côté de la marquise, sur le divan; après quoi il croisa sa jambe gauche sur sa cuisse droite, et prit son pied dans sa main.

—Comment, monsieur, vous voilà déjà de retour de Constantinople? — dit madame d'Harville en se reculant avec impatience.

—Déjà? Vous dites là ce que ma femme a pensé, j'en suis sûr; car elle n'a pas voulu m'accompagner ce soir dans ma rentrée dans le monde. Revenez donc surprendre vos amis, pour être reçu comme ça!

—C'est tout simple; il vous était si facile

de rester aimable... là-bas... — dit madame d'Harville avec un demi-sourire.

— C'est-à-dire de rester absent, n'est-ce pas ? C'est une horreur, c'est une infamie, ce que vous dites là — s'écria M. de Lucenay en décroisant ses jambes et en frappant sur son chapeau comme sur un tambour de basque.

— Pour l'amour du ciel, monsieur de Lucenay, ne criez pas si haut et tenez-vous tranquille, ou vous allez nous faire quitter la place — dit madame d'Harville avec humeur.

— Quitter la place ! ça serait donc pour me donner votre bras et aller faire un tour dans la galerie ?

— Avec vous ?... certainement non. Voyons, je vous prie, ne touchez pas à ce bouquet ; de grâce, laissez aussi cet éventail, vous allez le briser, selon votre habitude.....

— Si ce n'est que ça, j'en ai cassé plus d'un, allez ! surtout un magnifique chinois que madame de Vaudémont avait donné à ma femme.

En disant ces rassurantes paroles, M. de Lucenay tracassait dans un réseau de plantes grimpantes qu'il tirait à lui par petites secousses. Il finit par les détacher de l'arbre qui les soutenait ; elles tombèrent, et le duc s'en trouva pour ainsi dire couronné.

Alors ce furent des éclats de rire si glapissants, si fous, si assourdissants, que madame d'Harville eût fui cet incommode et fâcheux personnage, si elle n'eût pas aperçu M. Charles Robert (le commandant, comme disait madame Pipelet) qui s'avançait à l'autre extrémité de l'allée. La jeune femme craignit de paraître ainsi aller à sa rencontre, et resta auprès de M. de Lucenay.

— Dites donc, madame Mac-Gregor, je devais joliment avoir l'air d'un dieu Pan, d'une naïade, d'un sylvain, d'un sauvage, sous ce feuillage ? — dit M. de Lucenay en s'adressant à Sarah, auprès de laquelle il alla brusquement s'étaler. — A propos de sauvage, il faut que je vous raconte une histoire outrageusement inconvenante..... Figurez-vous qu'à Otaïti.....

— Monsieur le duc !... — lui dit Sarah d'un ton glacial.

—Et bien ! non, je ne vous dirai pas mon histoire ; je la garde pour madame de Fonbonne que voilà.

C'était une grosse petite femme de cinquante ans, très-prétentieuse et très-ridicule, dont le menton touchait la gorge, et qui montrait toujours le blanc de ses gros yeux en parlant de son âme, des langueurs de son âme, des besoins de son âme, des aspirations de son âme... Elle portait ce soir-là un affreux turban d'étoffe couleur de cuivre, avec un semis de dessins verts.

—Je la garde pour madame de Fonbonne' —s'écria le duc.

—De quoi s'agit-il donc, monsieur le duc? —dit madame de Fonbonne, en minaudant, en roucoulant et en commençant à faire *les yeux blancs*, comme dit le peuple.

—Il s'agit, madame, d'une histoire horriblement inconvenante, indécente et incongrue.

—Ah ! mon Dieu ! Et qui est-ce qui oserait? qui est-ce qui se permettrait ?

—Moi, madame ; ça ferait rougir un vieux

Chamboran. Mais je connais votre goût... Écoutez-moi ça.

— Monsieur !...

— Eh bien, non, vous ne la saurez pas, mon histoire, au fait! parce qu'après tout, vous qui vous mettez toujours si bien, avec tant de goût, avec tant d'élégance, vous avez ce soir un turban qui, permettez-moi de vous le dire, ressemble, ma parole d'honneur, à une vieille tourtière rongée de vert-de-gris.

Et le duc de rire aux éclats.

— Si vous êtes revenu d'Orient pour recommencer vos absurdes plaisanteries, qu'on vous passe parce que vous êtes à moitié fou — dit la grosse femme irritée — on regrettera fort votre retour, monsieur...

Et elle s'éloigna majestueusement.

— Il faut que je me tienne à quatre pour ne pas aller la décoiffer, cette vilaine précieuse — dit M. de Lucenay; — mais je la respecte, elle est orpheline... Ah ! ah ! ah !... — et de rire de nouveau. — Tiens, M. Charles Robert ! — reprit M. de Lucenay. — Je l'ai rencontré aux eaux des Pyrénées... c'est un éblouissant garçon, il chante comme un cygne... Vous allez voir, marquise, comme je vais l'intriguer... Voulez-vous que je vous le présente?

— Tenez-vous en repos et laissez-nous tranquilles — dit Sarah.

Pendant que M. Charles Robert s'avançait lentement, ayant l'air d'admirer les fleurs de la serre, M. de Lucenay avait manœuvré assez habilement pour s'emparer du flacon de Sarah, et il s'occupait en silence et avec un soin extrême de démantibuler le bouchon de ce bijou.

M. Charles Robert s'avançait toujours; sa grande taille était parfaitement proportionnée, ses traits d'une irréprochable pureté, sa mise d'une suprême élégance; cependant son visage, sa tournure manquaient de charme, de grâce, de distinction; sa démarche était roide et gênée, ses mains et ses pieds gros et vulgaires. Lorsqu'il aperçut madame d'Harville, la régulière nullité de ses traits s'effaça tout à coup sous une expression de mélancolie profonde beaucoup trop subite pour n'être pas feinte; néanmoins ce semblant était parfait. M. Robert avait l'air si affreusement malheureux, si naturellement désolé lorsqu'il s'approcha de madame d'Harville, que celle-ci ne put s'empêcher de songer aux sinistres paroles de Sarah sur les excès auxquels le désespoir aurait pu le porter.

— Eh! bonjour donc, mon cher monsieur! — lui dit M. de Lucenay en l'arrêtant au passage — je n'ai pas eu le plaisir de vous voir depuis notre rencontre aux eaux... Mais qu'est-ce que vous avez donc? Mais comme vous avez l'air souffrant!

Ici M. Charles Robert jeta un long et mélancolique regard sur madame d'Harville, et répondit au duc, d'une voix plaintivement accentuée :

— En effet, monsieur, je suis souffrant...

— Mon Dieu, mon Dieu, vous ne pouvez donc pas vous débarrasser de votre *pituite?* — lui demanda M. de Lucenay avec l'air du plus sérieux intérêt.

Cette question était si saugrenue, si absurde, qu'un moment M. Charles Robert resta stupéfait, abasourdi; puis le rouge de la colère lui montant au front, il dit d'une voix ferme et brève à M. de Lucenay :

— Puisque vous prenez tant d'intérêt à ma santé, monsieur, j'espère que vous viendrez savoir demain matin de mes nouvelles?

— Comment donc, mon cher monsieur... mais certainement, j'enverrai... — dit le duc avec hauteur.

M. Charles Robert fit un demi-salut et s'éloigna.

— Ce qu'il y a de fameux, c'est qu'il n'a pas plus de pituite que le grand Turc — dit M. de Lucenay en se renversant de nouveau près de Sarah — à moins que je n'aie deviné sans le savoir. Dites donc, madame Mac-Gregor, est-ce qu'il vous fait l'effet d'avoir la pituite, ce monsieur?

Sarah tourna brusquement le dos à M. de Lucenay sans lui répondre davantage.

Tout ceci s'était passé très-rapidement.

Sarah avait difficilement contenu un éclat de rire.

Madame d'Harville avait affreusement souffert en songeant à l'atroce position d'un homme qui se voit interpellé si ridiculement devant une femme qu'il aime ; elle était épouvantée en songeant qu'un duel pouvait avoir lieu ; alors, entraînée par un sentiment de pitié irrésistible, elle se leva brusquement, prit le bras de Sarah, rejoignit M. Charles Robert qui ne se possédait pas de rage, et lui dit tout bas en passant près de lui :

—*Demain, à une heure... j'irai...*

Puis elle regagna la galerie avec la comtesse et quitta le bal.

CHAPITRE XV.

TU VIENS BIEN TARD, MON ANGE !

Rodolphe, en se rendant à cette fête pour remplir un devoir de convenance, voulait aussi tâcher de découvrir si ses craintes au sujet de madame d'Harville étaient fondées, et si elle était réellement l'héroïne du récit de madame Pipelet.

Après avoir quitté le jardin d'hiver avec la comtesse ***, Rodolphe avait parcouru en vain plusieurs salons, dans l'espoir de rencontrer madame d'Harville seule. Il revenait à la serre chaude, lorsque, un moment arrêté sur la première marche de l'escalier, il fut témoin de la scène rapide qui se passa entre madame d'Harville et M. Charles Robert après la détestable plaisanterie du duc de Lucenay. Rodolphe surprit un échange de regards très-significatifs. Un secret pressentiment lui dit que ce grand et beau jeune homme était *le commandant*. Voulant s'en assurer, il rentra dans la galerie.

Une valse allait commencer; au bout de quelques minutes, il vit M. Charles Robert debout dans l'embrasure d'une porte. Il paraissait doublement satisfait et de sa réponse à M. de Lucenay (M. Charles Robert était fort brave, malgré ses ridicules), et du rendez-vous que lui avait donné madame d'Harville pour le lendemain, bien certain cette fois qu'elle n'y manquerait pas.

Rodolphe alla trouver Murph :

— Tu vois bien ce jeune homme blond, au milieu de ce groupe, là-bas?

— Ce grand monsieur qui a l'air si content de lui-même? Oui, monseigneur.

— Tâche d'approcher assez de lui pour pouvoir dire tout bas, sans qu'il te voie et de façon à ce que lui seul t'entende, ces mots : *Tu viens bien tard, mon ange!*

Le squire regarda Rodolphe d'un air stupéfait.

— Sérieusement, monseigneur ?

— Sérieusement. S'il se retourne à ces mots, garde ce magnifique sang-froid que j'ai si souvent admiré, afin que ce monsieur ne puisse découvrir qui a prononcé ces paroles.

— Je n'y comprends rien, monseigneur; mais j'obéis.

Le digne Murph, avant la fin de la valse, était parvenu à se placer immédiatement derrière M. Charles Robert.

Rodolphe, parfaitement posté pour ne rien perdre de l'effet de cette expérience, suivit attentivement Murph des yeux; au bout d'une seconde, M. Charles Robert se retourna brusquement d'un air stupéfait.

Le squire impassible ne sourcilla pas; certes ce grand homme chauve, d'une figure imposante et grave, fut le dernier que le commandant soupçonnât d'avoir prononcé ces mots, qui lui rappelaient le désagréable quiproquo dont madame Pipelet avait été la cause et l'héroïne.

La valse finie, Murph revint trouver Rodolphe.

— Eh bien, monseigneur, ce jeune homme s'est retourné comme si je l'avais mordu. Ces mots sont donc magiques?

— Ils sont magiques, mon vieux Murph, ils m'ont découvert ce que je voulais savoir.

Rodolphe n'avait plus qu'à plaindre madame d'Harville d'une erreur d'autant plus dangereuse qu'il pressentait vaguement que Sarah en était complice ou confidente. A cette découverte, il ressentit un coup douloureux; il ne douta plus de la cause des chagrins de M. d'Harville, qu'il aimait tendrement; la jalousie les causait sans doute. Sa femme, douée de qualités charmantes, se sacrifiait à un homme qui ne le méritait pas. Maître d'un secret surpris par hasard, incapable d'en abuser, ne pouvant rien tenter pour éclairer madame d'Harville, qui d'ailleurs cédait à l'entraînement aveugle de la passion, Rodolphe se voyait condamné à rester le témoin impassible de la perte de cette jeune femme.

Il fut tiré de ces réflexions par M. de Graün.

— Si V. A. veut m'accorder un moment d'entretien dans le petit salon du fond, où il n'y a personne, j'aurai l'honneur de lui rendre compte des renseignements qu'elle m'a ordonné de prendre.

Rodolphe suivit M. de Graün.

— La seule duchesse au nom de laquelle puissent se rapporter les initiales N et L est madame la duchesse de Lucenay, née de Noirmont — dit le baron; — elle n'est pas ici ce soir. Je viens de voir son mari, M. de Lucenay, parti il y a cinq mois pour un voyage d'Orient qui devait durer plus d'une année; il est revenu subitement il y a deux ou trois jours.

On se souvient que, dans sa visite à la maison de la rue du Temple, Rodolphe avait trouvé, sur le palier même de l'appartement du charlatan César Bradamanti, un mouchoir trempé de larmes, richement garni de dentelles, et dans l'angle duquel il avait remarqué les lettres N et L surmontées d'une couronne ducale. D'après son ordre, mais ignorant ces circonstances, M. de Graün s'était informé du nom des duchesses actuellement à Paris, et il avait obtenu les renseignements dont nous venons de parler.

Rodolphe comprit tout...

Il n'avait aucune raison de s'intéresser à madame de Lucenay; mais il ne put s'empêcher de frémir en songeant que si elle avait réellement rendu visite au charlatan, ce misérable, qui n'était autre que l'abbé Polidori, possédait le nom de cette femme, qu'il avait fait suivre par Tortillard, et qu'il pouvait affreusement abuser du terrible secret qui mettait la duchesse dans sa dépendance.

— Le hasard est quelquefois bien singulier, monseigneur — reprit M. de Graün.

— Comment cela?

— Au moment où M. de Grangeneuve venait de me donner ces renseignements sur M. et sur madame de Lucenay, en ajoutant assez malignement que le retour imprévu de M. de Lucenay avait dû contrarier beaucoup la duchesse et un fort joli jeune homme, le plus merveilleux élégant de Paris, le vicomte de Saint-Remy, M. l'ambassadeur m'a demandé si je croyais que V. A. lui permettrait de lui présenter le vicomte, qui se trouve ici ; il vient d'être attaché à la légation de Gerolstein, et il serait trop heureux de cette occasion de faire sa cour à V. A.

Rodolphe ne put réprimer un mouvement d'impatience, et dit :

— Voilà qui m'est infiniment désagréable... mais je ne puis refuser... Allons, dites au comte de *** de me présenter M. de Saint-Remy.

Malgré sa mauvaise humeur, Rodolphe savait trop son métier de prince pour manquer d'affabilité dans cette occasion. D'ailleurs l'on donnait M. de Saint-Remy pour amant à la duchesse de Lucenay, et cette circonstance piquait assez la curiosité de Rodolphe.

Le vicomte de Saint-Remy s'approcha, conduit par le comte de ***.

M. de Saint-Remy était un charmant jeune homme de vingt-cinq ans, mince, svelte, de la tournure la plus distinguée, de la physionomie la plus avenante ; il avait le teint fort brun, mais de ce brun velouté, transparent et couleur d'ambre, remarquable dans les portraits de Murillo; ses cheveux noirs à reflet bleuâtre, séparés par une raie au-dessus de la tempe gauche, très-lisses sur le front, se bouclaient avec grâce autour de son visage, et laissaient à peine voir le lobe incolore des oreilles; le noir foncé de ses prunelles se découpait brillamment sur le globe de l'œil, qui, au lieu d'être blanc, se nacrait de cette nuance légèrement azurée qui donne au regard des Indiens une expression si charmante. Par un caprice de la nature, l'épaisseur soyeuse de sa moustache contrastait avec l'imberbe juvénilité de son menton et de ses joues, aussi unies que celles d'une jeune fille; il portait par coquetterie une cravate de satin noir très-basse, qui laissait voir l'attache élégante de son cou, digne du *Jeune Flûteur* antique.

Une seule perle rattachait les longs plis de sa cravate, perle d'un prix inestimable par sa grosseur, la pureté de sa forme et l'éclat de son orient, si vif qu'une opale n'eût pas été plus splendidement frisée. D'un goût parfait, la mise de M. de Saint-Remy s'harmonisait à merveille avec ce bijou d'une magnifique simplicité.

On ne pouvait jamais oublier la figure et la personne de M. de Saint-Remy, tant il sortait du type ordinaire des élégants.

Son luxe de voiture et de chevaux était extrême; grand et beau joueur, le total de son *livre de paris de courses* s'élevait toujours annuellement à deux ou trois mille louis. On citait sa maison de la rue de Chaillot comme un modèle d'élégante somptuosité; on faisait chez lui une chère exquise, et ensuite on jouait un jeu d'enfer, où il perdait souvent des sommes considérables avec l'insouciance la plus hospitalière; et pourtant on savait certainement que le patrimoine du vicomte était dissipé depuis long-temps.

Pour expliquer ses prodigalités incompréhensibles, les envieux ou les méchants parlaient, ainsi que l'avait fait Sarah, des grands biens de la duchesse de Lucenay; mais ils oubliaient qu'à part la vileté de cette supposition, M. de Lucenay avait naturellement un contrôle sur la fortune de sa femme, et que M. de Saint-Remy dépensait au moins 50,000 écus ou 200,000 fr. par an. D'autres parlaient d'usuriers imprudents, car M. de Saint-Remy n'attendait plus d'héritage. D'autres enfin le disaient TROP heureux sur le *turf* (1), et parlaient tous bas d'*entraîneurs* et de *jockeys* corrompus par lui pour faire perdre les chevaux contre lesquels il avait parié beaucoup d'argent... mais le plus grand nombre des gens du monde s'inquiétaient peu des moyens auxquels M. de Saint-Remy avait recours pour subvenir à son faste.

Il appartenait par sa naissance au meilleur et au plus grand monde; il était gai, brave, spirituel, bon compagnon, facile à vivre; il donnait d'excellents dîners de garçons, et tenait ensuite tous les enjeux qu'on lui proposait; que fallait-il de plus?

Les femmes l'adoraient, on nombrait à peine ses triomphes de toutes sortes; il était jeune et beau, galant et magnifique dans toutes les occasions où un homme peut l'être.

(1) *Turf*, terrain de course où s'engagent les paris.

avec des femmes du monde; enfin l'engouement était tel que l'obscurité dont il entourait la source du Pactole où il puisait à pleines mains jetait même sur sa vie un certain charme mystérieux. On disait, en souriant insoucieusement : « Il faut que ce diable de Saint-Remy ait trouvé la pierre philosophale! »

En apprenant qu'il s'était fait attacher à la légation de France près le grand-duc de Gerolstein, d'autres personnes avaient pensé que M. de Saint-Remy voulait faire une *retraite honorable*.

Le comte de *** dit à Rodolphe, en lui présentant M. de Saint-Remy :

— J'ai l'honneur de présenter à Votre Altesse M. le vicomte de Saint-Remy, attaché à la légation de Gerolstein.

Le vicomte salua profondément, et dit à Rodolphe :

— Votre Altesse daignera-t-elle excuser l'impatience que j'éprouve de lui faire ma cour? J'ai peut-être eu trop hâte de jouir d'un honneur auquel j'attachais tant de prix.

— Je serai, monsieur, très-satisfait de vous

revoir à Gerolstein... Comptez-vous y aller bientôt?

— Le séjour de Votre Altesse à Paris me rend moins empressé de partir.

— Le paisible contraste de nos cours allemandes vous étonnera beaucoup, monsieur, habitué que vous êtes à la vie de Paris.

— J'ose assurer à Votre Altesse que la bienveillance qu'elle daigne me témoigner, et qu'elle voudra peut-être bien me continuer, m'empêcherait seule de jamais regretter Paris.

— Il ne dépendra pas de moi, monsieur, que vous pensiez toujours ainsi pendant le temps que vous passerez à Gerolstein.

Et Rodolphe fit une légère inclinaison de tête qui annonçait à M. de Saint-Remy que la présentation était terminée.

Le vicomte salua profondément et se retira.

Rodolphe était très-physionomiste et sujet à des sympathies ou à des aversions presque toujours justifiées. Après le peu de mots échangés avec M. de Saint-Remy, sans pouvoir s'en expliquer la cause, il éprouva pour lui une

TU VIENS BIEN TARD, MON ANGE ! 271

sorte d'éloignement involontaire. Il lui trouvait quelque chose de perfidement rusé dans le regard et une *physionomie dangereuse.*

. . . .

Nous retrouverons M. de Saint-Remy dans des circonstances qui contrasteront bien terriblement avec la brillante position qu'il occupait lors de sa présentation à Rodolphe; l'on jugera de la réalité des pressentiments de ce dernier.

. . . .

Cette présentation terminée, Rodolphe, réfléchissant aux bizarres rencontres que le hasard avait amenées, descendit au jardin d'hiver; l'heure du souper était arrivée, les salons devenaient presque déserts; le lieu le plus reculé de la serre chaude se trouvait au bout d'un massif, à l'angle de deux murailles qu'un énorme bananier, entouré de plantes grimpantes, cachait presque entièrement ; une petite porte de service, masquée par le treillage, et conduisant à la salle du buffet par un long corridor, était restée entr'ouverte, non loin de cet arbre feuillu.

Abrité par ce paravent de verdure, Rodolphe s'assit en cet endroit. Il était depuis quelques moments plongé dans une rêverie profonde, lorsque son nom, prononcé par une voix bien connue, le fit tressaillir.

Sarah, assise de l'autre côté du massif qui cachait entièrement Rodolphe, causait en anglais avec son frère Tom.

Tom était vêtu de noir; quoiqu'il n'eût que quelques années de plus que Sarah, ses cheveux étaient presque blancs; son visage annonçait une volonté froide, mais opiniâtre; son accent était bref et tranchant, son regard sombre, sa voix creuse. Cet homme devait être rongé par un grand chagrin ou par une grande haine.

Rodolphe écouta attentivement l'entretien suivant :

— La marquise est allée un instant au bal du baron de Nerval; elle s'est heureusement retirée sans pouvoir parler à Rodolphe, qui la cherchait; car je crains toujours l'influence qu'il exerce sur elle; influence que j'ai eu tant de peine à combattre et à détruire en partie... Enfin cette rivale, que j'ai toujours redoutée par pressentiment, et qui plus tard pouvait tant gêner mes projets... cette rivale sera perdue demain... Écoutez-moi, ceci est grave... Tom.

— Vous vous trompez, jamais Rodolphe n'a songé à la marquise.

— Il est temps maintenant de vous donner quelques explications à ce sujet... Beaucoup de choses se sont passées pendant votre dernier voyage... et, comme il faut agir plus tôt que je ne pensais... ce soir même... en sortant d'ici, cet entretien est indispensable... Heureusement nous sommes seuls.

— Je vous écoute.

— Avant d'avoir vu Rodolphe, cette femme, j'en suis sûre, n'avait jamais aimé... Je ne sais pour quelle raison elle éprouve un invincible éloignement pour son mari, qui l'adore. Il y a là un mystère que j'ai voulu en vain pénétrer. La présence de Rodolphe avait excité dans le cœur de Clémence mille émotions nouvelles. J'étouffai cet amour naissant par des révélations accablantes sur le prince. Mais le besoin d'aimer était éveillé chez la marquise ; rencontrant chez moi ce Charles Robert, elle a été frappée de sa beauté, frappée comme on l'est à la vue d'un tableau ; cet homme est malheureusement aussi niais que beau, mais il a quelque chose de touchant dans le regard. J'exaltai la noblesse de son âme, l'élévation de son caractère. Je savais la *bonté* naturelle de madame d'Harville ; je *colorai* M. Robert des malheurs les plus intéressants ; je lui recommandai d'être toujours mortellement triste, de ne procéder que par soupirs et par hélas ! et avant toute chose de parler peu. Il a suivi mes conseils. Grâce à son talent de chanteur, à sa figure et surtout à son apparence de tristesse incurable, il s'est fait à peu près aimer de madame d'Harville, qui a ainsi donné le change à ce besoin d'aimer que la vue de Rodolphe avait seule éveillé en elle... Comprenez-vous maintenant ?

— Parfaitement ; continuez.

— Robert et madame d'Harville ne se voyaient intimement que chez moi ; deux fois la semaine nous faisions de la musique à nous trois, le matin. Le beau ténébreux soupirait, disait quelques tendres mots à voix basse; il glissa deux ou trois billets. Je craignais encore plus sa prose que ses paroles; mais une femme est toujours indulgente pour les premières déclarations qu'elle reçoit : celles de mon protégé ne lui nuisirent pas ; l'important pour lui était d'obtenir un rendez-vous. Cette petite marquise avait plus de principes que d'amour, ou plutôt elle n'avait pas assez d'amour pour oublier les principes... A son insu, il existait toujours au fond de son cœur un souvenir de Rodolphe qui veillait pour ainsi dire sur elle et combattait ce faible penchant pour M. Charles Robert... penchant beaucoup plus factice que réel... mais entretenu par son vif intérêt pour les malheurs imaginaires de M. Charles Robert, et par l'exagération incessante de mes louanges à l'égard de cet Apollon sans cervelle. Enfin, Clémence, vaincue par l'air profondément désespéré de son malheureux adorateur, se décida un jour à lui accorder ce rendez-vous si désiré.

—Vous avait-elle donc faite sa confidente ?

—Elle m'avait avoué son attachement pour Charles Robert, voilà tout. Je ne fis rien pour en savoir davantage; cela m'eût gênée... Mais lui, ravi de bonheur ou plutôt d'orgueil, me fit part de son bonheur, sans me dire pourtant le jour ni le lieu du rendez-vous.

— Comment l'avez-vous connu ?

— Karl, par mon ordre, alla le lendemain et le surlendemain de très-bonne heure, s'embusquer à la porte de M. Robert et le suivit. Le second jour, vers midi, notre amoureux prit en fiacre le chemin d'un quartier perdu, rue du Temple... Il descendit dans une maison de mauvaise apparence; il y resta une heure et demie environ, puis s'en alla. Karl attendit long-temps pour voir si personne ne sortirait après Charles Robert. Personne ne sortit : la marquise avait manqué à sa promesse. Je le sus le lendemain par l'amoureux, aussi courroucé que désappointé. Je lui conseillai de redoubler de désespoir. La pitié de Clémence s'émut encore : nouveau rendez-vous, mais aussi vain que le premier. Une dernière fois cependant elle vint jusqu'à la porte : c'était un progrès. Vous voyez combien cette femme lutte... Et pourquoi ? Parce que, j'en suis sûre, et c'est ce qui cause ma haine, elle a toujours au fond du cœur, et à son insu, une pensée pour Rodolphe, qui semble aussi la protéger. Enfin, ce soir, la marquise a donné à ce Robert un rendez-vous pour demain ; cette fois, je n'en doute pas, elle s'y rendra. Le duc de Lucenay a si grossièrement ridiculisé ce jeune homme, que la marquise, bouleversée de l'humiliation de son amant, lui a accordé par pitié ce qu'elle ne lui eût peut-être pas accordé sans cela. Cette fois, je vous le répète, elle tiendra sa promesse.

— Quels sont vos projets ?

— Cette femme obéit à une sorte d'intérêt charitable exalté, mais non pas à l'amour ; Charles Robert est si peu fait pour comprendre la délicatesse du sentiment qui, ce soir, a dicté la résolution de la marquise, que demain il voudra profiter de ce rendez-vous, et il se perdra complétement dans l'esprit de

Clémence, qui se résigne à cette compromettante démarche sans entraînement, sans passion et seulement par pitié. En un mot, je n'en doute pas, elle se rend là pour faire acte de courageux intérêt, mais parfaitement calme et bien sûre de ne pas oublier un moment ses devoirs. Le Charles Robert ne concevra pas cela, la marquise le prendra en aversion ; et, son illusion détruite, elle retombera sous l'influence de ses souvenirs de Rodolphe, qui, j'en suis sûre, couvent toujours au fond de son cœur.

— Eh bien ?

— Eh bien ! je veux qu'elle soit à jamais perdue pour Rodolphe ; il aurait, je n'en doute pas, moi, trahi tôt ou tard l'amitié de M. d'Harville en répondant à l'amour de Clémence ; mais il prendra celle-ci en horreur s'il la sait coupable d'une faute dont il n'aura pas été l'objet ; c'est un crime impardonnable pour un homme. Enfin, prétextant de l'affection qui le lie à M. d'Harville, il ne reverra jamais cette femme, qui aura si indignement trompé cet ami qu'il aime tant.

— C'est donc le mari que vous voulez prévenir ?...

— Oui, et ce soir même, sauf votre avis, du moins. D'après ce que m'a dit Clémence, il a de vagues soupçons, sans savoir sur qui les fixer... Il est minuit, nous allons quitter le bal; vous descendrez au premier café venu, vous écrirez à M. d'Harville que sa femme se rend demain, à une heure, rue du Temple, n° 17, pour une entrevue amoureuse. Il est jaloux : il surprendra Clémence; vous devinez le reste !

— C'est une abominable action — dit froidement le gentilhomme.

—Vous êtes scrupuleux, Tom !

— Tout à l'heure je ferai ce que vous désirez; mais je vous répète que c'est une abominable action.

— Vous consentez néanmoins ?

— Oui,... ce soir M. d'Harville sera instruit de tout. Et... mais... il me semble qu'il y a quelqu'un là, derrière ce massif ! — dit tout à coup Tom en s'interrompant et en parlant à voix basse. — J'ai cru entendre remuer.

— Voyez donc — dit Sarah avec inquiétude.

Tom se leva, fit le tour du massif, et ne vit personne.

Rodolphe venait de disparaître par la petite porte dont nous avons parlé.

— Je me suis trompé — dit Tom en revenant — il n'y a personne.

— C'est ce qu'il me semblait...

— Écoutez, Sarah, je ne crois pas cette femme aussi dangereuse que vous le pensez pour l'avenir de votre projet; Rodolphe a certains principes qu'il n'enfreindra jamais. La jeune fille qu'il a conduite à cette ferme, il y a six semaines, lui déguisé en ouvrier; cette créature qu'il entoure de soins, à laquelle on donne une éducation choisie, et qu'il a été visiter plusieurs fois, m'inspire des craintes plus fondées. Nous ignorons qui elle est, quoiqu'elle semble appartenir à une classe obscure de la société. Mais la rare beauté dont elle est douée, dit-on, le déguisement que Rodolphe a pris pour la conduire dans ce village, l'intérêt croissant qu'il lui porte, tout prouve que cette affection n'est pas sans importance. Aussi j'ai été au-devant de vos désirs. Pour écarter cet autre obstacle, plus réel, je crois, il a fallu agir avec une extrême prudence, nous bien renseigner sur les gens de la ferme et sur les habitudes de cette jeune fille... Ces renseignements, je les ai ; le moment d'agir est venu ; le hasard m'a renvoyé cette horrible vieille qui avait gardé mon adresse. Ses relations avec des gens de l'espèce du brigand qui nous a attaqués lors de notre excursion dans la Cité nous serviront puissamment. Tout est prévu... il n'y aura aucune preuve contre nous... Et d'ailleurs, si cette créature, comme il y paraît, appartient à la classe ouvrière, elle n'hésitera pas entre nos offres et le sort même brillant qu'elle peut rêver, car le prince a gardé un profond incognito.... Enfin demain cette question sera résolue, sinon... nous verrons...

— Ces deux obstacles écartés... Tom... alors notre grand projet...

— Il offre des difficultés, mais il peut réussir.

— Avouez qu'il aura une heureuse chance de plus, si nous l'exécutons au moment où Rodolphe sera doublement accablé par le scandale de la conduite de madame d'Harville et par la disparition de cette créature à laquelle il s'intéresse tant.

— Je le crois... Mais si ce dernier espoir nous échappe encore... alors je serai libre... — dit Tom en regardant Sarah d'un air sombre.

— Vous serez libre !...

— Vous ne renouvellerez plus les prières qui, deux fois, ont malgré moi suspendu ma vengeance ! — Puis, montrant d'un regard le crêpe qui entourait son chapeau et les gants noirs qui couvraient ses mains, Tom ajouta, en souriant d'un air sinistre : — J'attends toujours, moi... Vous savez bien que je porte ce deuil depuis seize ans... et que je ne le quitterai que si...

Sarah, dont les traits exprimaient une crainte involontaire, se hâta d'interrompre son frère, et lui dit avec anxiété :

— Je vous dis que vous serez libre... Tom...

car alors cette confiance profonde qui jusqu'ici m'a soutenue dans des circonstances si diverses, parce qu'elle a été justifiée au delà de la prévision humaine... m'aura tout à fait abandonnée... Mais jusque-là il n'est pas de danger si mince en apparence que je ne veuille écarter à tout prix... Le succès dépend souvent des plus petites causes... Des obstacles peu graves peut-être se trouvent sur mon chemin au moment où j'approche du but ; je veux avoir le champ libre, je les briserai. Mes moyens sont odieux, soit !... Ai-je été ménagée, moi?... — s'écria Sarah en élevant involontairement la voix.

— Silence ! on revient du souper — dit Tom. — Puisque vous croyez utile de prévenir le marquis d'Harville du rendez-vous de demain, partons... il est tard.

— L'heure avancée de la nuit à laquelle lui sera donné cet avis en prouvera l'importance.

Tom et Sarah sortirent du bal de l'ambassadrice de ***.

CHAPITRE XVI.

LES RENDEZ-VOUS.

Voulant à tout prix avertir madame d'Harville du danger qu'elle courait, Rodolphe, parti de l'ambassade sans attendre la fin de l'entretien de Tom et de Sarah, ignorait le complot tramé par eux contre *Fleur-de-Marie* et le péril imminent qui menaçait cette jeune fille.

Malgré son zèle, Rodolphe ne put malheureusement sauver la marquise, comme il l'espérait.

Celle-ci, en sortant de l'ambassade, devait par convenance paraître un moment chez madame de Nervol; mais, vaincue par les émotions qui l'agitaient, madame d'Harville n'eut pas le courage d'aller à cette seconde fête, et rentra chez elle.

Ce contre-temps perdit tout.

M. de Graün, ainsi que presque toutes les personnes de la société de la comtesse ***, était invité chez madame de Nervol. Rodolphe l'y conduisit rapidement, avec ordre de chercher madame d'Harville dans le bal, et de la prévenir que le prince, désirant lui dire le soir même quelques mots du plus grand intérêt, se trouverait à pied devant l'hôtel d'Harville, et qu'il s'approcherait de la voiture de la marquise pour lui parler à sa portière pendant que les gens attendraient l'ouverture de la porte cochère.

Après beaucoup de temps perdu à chercher madame d'Harville dans ce bal, le baron revint... Elle n'y avait pas paru.

Rodolphe fut au désespoir; il avait sagement pensé qu'il fallait avant tout avertir la marquise de la trahison dont on voulait la rendre victime; car alors la délation de Sarah, qu'il ne pouvait empêcher, passerait pour une indigne calomnie. Il était trop tard... cette lettre infâme était parvenue au marquis à une heure après minuit.

. . . .

Le lendemain matin M. d'Harville se promenait lentement dans sa chambre à coucher, meublée avec une élégante simplicité et seulement ornée d'une panoplie d'armes modernes et d'une étagère garnie de livres.

Le lit n'avait pas été défait, pourtant la courte-pointe de soie pendait en lambeaux; une chaise et une petite table d'ébène à pieds tors étaient renversées près de la cheminée; ailleurs on voyait sur le tapis les débris d'un verre de cristal, des bougies à demi écrasées et un flambeau à deux branches qui avait roulé au loin.

Ce désordre semblait causé par une lutte violente...

M. d'Harville avait trente ans environ, une figure mâle et caractérisée, d'une expression ordinairement agréable et douce, mais alors contractée, pâle, violacée; il portait ses habits de la veille; son cou était nu, son gilet ouvert; sa chemise déchirée paraissait tachée çà et là de quelques gouttes de sang; ses cheveux bruns, ordinairement bouclés, retombaient roides et emmêlés sur son front livide.

Après avoir encore long-temps marché, les bras croisés, la tête basse, le regard fixe et rouge, M. d'Harville s'arrêta brusquement devant son foyer éteint, malgré la forte gelée survenue pendant la nuit. Il prit sur le marbre de la cheminée cette lettre qu'il relut, avec une dévorante attention, à la clarté blafarde de ce jour d'hiver :

« Demain, à une heure, votre femme doit se rendre rue du Temple, n° 17, pour une amoureuse entrevue. Suivez-la, et vous saurez tout... Heureux époux ! »

A mesure qu'il lisait ces mots, déjà tant de fois lus pourtant... ses lèvres, bleuies par le froid, semblaient convulsivement épeler lettre par lettre ce funeste billet.

A ce moment la porte s'ouvrit, un valet de chambre entra.

Ce serviteur, déjà vieux, avait les cheveux gris, une figure honnête et bonne.

Le marquis retourna brusquement la tête sans changer de position, tenant toujours la lettre entre ses deux mains.

— Que veux-tu ? — dit-il durement au domestique.

Celui-ci, au lieu de répondre, contemplait d'un air de stupeur douloureuse le désordre de la chambre; puis regardant attentivement son maître, il s'écria :

— Du sang à votre chemise... Mon Dieu ! mon Dieu, monsieur, vous vous serez blessé... Vous étiez seul... Pourquoi ne m'avez-vous pas sonné... comme à l'ordinaire, lorsque vous avez ressenti les...

— Va-t'en...

— Mais, monsieur le marquis, vous n'y pensez pas, votre feu est éteint, il fait ici un froid mortel, et surtout..... après..... votre.....

— Te tairas-tu !... laisse-moi !...

— Mais, monsieur le marquis — reprit le valet de chambre tout tremblant — vous avez donné ordre à M. Doublet d'être ici ce matin à dix heures et demie; il est dix heures et demie, il est là avec le notaire.

— C'est juste — dit amèrement le marquis en reprenant son sang-froid. Quand on est riche il faut songer aux affaires... C'est si beau, la fortune !... — Puis il ajouta :

— Fais entrer M. Doublet dans mon cabinet.

— Il y est, monsieur le marquis.

— Donne-moi de quoi m'habiller... Tout à l'heure... je sortirai...

— Mais, monsieur le marquis...

— Fais ce que je te dis, Joseph — dit M. d'Harville d'un ton plus doux. — Puis il ajouta :

— Est-on déjà entré chez ma femme ?

— Je ne crois pas que madame la marquise ait encore sonné.

— On me préviendra dès qu'elle sonnera.

— Oui, monsieur le marquis.

— Dis à Philippe de venir t'aider ; tu n'en finiras pas !

— Mais, monsieur, attendez que j'aie un peu rangé ici — répondit tristement Joseph.

— On s'apercevrait de ce désordre, et l'on ne

comprendrait pas ce qui a pu arriver cette nuit à monsieur le marquis...

— Et si l'on comprenait... ce serait bien hideux, n'est-ce pas?— reprit M. d'Harville d'un ton de raillerie douloureuse.

— Ah! monsieur — s'écria Joseph — Dieu merci! personne ne se doute...

— Personne?... Non! personne... — répondit le marquis d'un air sombre.

Pendant que Joseph s'occupait de réparer le désordre de la chambre de son maître, celui-ci alla droit à la panoplie dont nous avons parlé, examina attentivement pendant quelques minutes les armes qui la composaient, fit un geste de satisfaction sinistre, et dit à Joseph :

— Je suis sûr que tu as oublié de faire nettoyer mes fusils qui sont là-haut dans mon nécessaire de chasse?

— Monsieur le marquis ne m'en a pas parlé — dit Joseph d'un air étonné.

— Si; mais tu l'as oublié.

— Je proteste à monsieur le marquis...

— Ils doivent être dans un bel état!...

— Il y a un mois à peine qu'on les a rapportés de chez l'armurier.

— Il n'importe : dès que je serai habillé, va me chercher ce nécessaire, j'irai peut-être à la chasse demain ou après, je veux examiner ces fusils.

— Je les descendrai tout à l'heure.

La chambre remise en ordre, un second valet de chambre vint aider Joseph.

La toilette terminée, le marquis entra dans le cabinet où l'attendaient M. Doublet, son intendant, et un clerc de notaire.

— C'est l'acte que l'on vient lire à monsieur le marquis, dit l'intendant ; il ne reste plus qu'à le signer.

— Vous l'avez lu, monsieur Doublet ?

— Oui, monsieur le marquis.

— En ce cas, cela suffit... je signe...

Il signa, le clerc sortit.

— Moyennant cette acquisition, monsieur le marquis — dit M. Doublet d'un air triomphant — votre revenu foncier, en belles et bonnes terres... ne va pas à moins de 126,000 francs en sacs... Savez-vous que cela est rare, monsieur le marquis, un revenu de 126,000 francs en terres?

— Je suis un homme bien heureux, n'est-ce pas, monsieur Doublet? 126,000 francs de rente en terres!... Il n'y a pas de félicité pareille!

— Sans compter le portefeuille de monsieur le marquis... sans compter...

— Certainement, et sans compter... tant d'autres bonheurs encore!

— Dieu soit loué! monsieur le marquis, car il ne vous manque rien: jeunesse, richesse, bonté, santé... tous les bonheurs réunis enfin; et parmi eux — dit M. Doublet en souriant agréablement — ou plutôt, à leur tête... je mets celui d'être l'époux de madame la marquise et d'avoir une charmante petite fille qui ressemble à un chérubin...

M. d'Harville jeta un regard sinistre sur l'intendant.

Nous renonçons à peindre l'expression de sauvage ironie avec laquelle il dit à M. Doublet, en lui frappant familièrement sur l'épaule:

— Avec 126,000 francs de rente en terres et une femme comme la mienne... et un enfant qui ressemble à un chérubin... il ne reste rien à désirer, n'est-ce pas?

— Eh! eh! monsieur le marquis — répondit naïvement l'intendant — il reste à désirer de vivre le plus long-temps possible... pour marier mademoiselle votre fille et être grand-père... Arriver grand-père... c'est ce que je souhaite de tout mon cœur à monsieur le marquis, comme à madame la marquise d'être grand'mère et arrière-grand'mère...

— Ce bon monsieur Doublet... qui songe à Philémon et à Baucis. Il est toujours plein d'à-propos.

— Monsieur le marquis est trop bon... Il n'a rien à m'ordonner?...

— Rien... Ah! si pourtant... Combien avez-vous en caisse?

— Dix-neuf mille trois cent et quelques francs pour le courant, monsieur le marquis, sans compter l'argent déposé à la Banque.

— Vous m'apporterez ce matin 10,000

francs d'or, et vous les remettrez à Joseph si je suis sorti.

— Ce matin?

— Ce matin...

— Dans une heure les fonds seront ici... Monsieur le marquis n'a plus rien à me dire?

— Non, monsieur Doublet.

— Cent vingt-six mille francs de rente en sacs! en sacs! — répéta l'intendant en s'en allant. — C'est un beau jour pour moi que celui-ci ; je craignais tant que cette ferme si à notre convenance ne nous échappât... Votre serviteur, monsieur le marquis.

— Au revoir, monsieur Doublet.

A peine l'intendant fut-il sorti, que M. d'Harville tomba sur son fauteuil avec accablement; il appuya ses deux coudes sur son bureau, et cacha sa figure dans ses mains.

Pour la première fois depuis qu'il avait reçu la lettre fatale de Sarah, il put pleurer.

— Oh! — disait-il — cruelle dérision de la destinée... qui m'a fait riche!... Que mettre dans ce cadre d'or maintenant? Ma honte... l'infamie de Clémence! Infamie qu'un éclat va faire rejaillir peut-être jusque sur le front de ma fille!... Cet éclat, dois-je m'y résoudre, ou dois-je avoir pitié... de...

Puis, se relevant, l'œil étincelant, les dents convulsivement serrées, il s'écria d'une voix sourde :

— Non... non... du sang, du sang! le terrible sauve du ridicule!... Je comprends maintenant son aversion... La misérable!...

Puis, s'arrêtant tout à coup, comme atterré par une réflexion soudaine, il reprit d'une voix sourde :

— Son aversion... oh! je sais bien ce qui la cause; je lui fais horreur... je l'épouvante!...

Et après un long silence :

— Mais est-ce ma faute, à moi? Faut-il qu'elle me trompe pour cela?... Au lieu de haine... n'est-ce pas de la pitié que je mérite? reprit-il en s'animant par degrés. — Non, non, du sang!... tous deux... tous deux!... car elle lui a sans doute *tout dit*, à l'AUTRE.

Cette pensée redoubla la fureur du marquis.

Il leva ses deux poings crispés vers le ciel; puis, passant sa main brûlante sur ses yeux, et sentant la nécessité de rester calme devant ses gens, il rentra dans sa chambre à coucher avec une apparente tranquillité : il y trouva Joseph.

— Eh bien, les fusils?

— Les voilà, monsieur le marquis; ils sont en parfait état.

— Je vais m'en assurer... Ma femme a-t-elle sonné?

— Je ne sais pas, monsieur le marquis.

— Va t'en informer.

Le valet de chambre sortit.

M. d'Harville se hâta de prendre dans la boîte à fusils une petite poire à poudre, quelques balles, des capsules; puis il referma le nécessaire et garda la clef; il alla ensuite à la panoplie, y prit une paire de pistolets de MANTON de demi-grandeur, les chargea et les fit facilement entrer dans les poches de sa longue redingote de matin.

A ce moment Joseph rentra.

— Monsieur, on peut entrer chez madame la marquise.

— Est-ce que madame d'Harville a demandé sa voiture?

— Non, monsieur le marquis, mademoiselle Juliette a dit devant moi au cocher de madame la marquise, qui venait demander les ordres pour la matinée, que comme il faisait froid et sec madame sortirait à pied... si elle sortait.

— Très-bien... Ah! j'oubliais : si je vais à la chasse, ce sera demain ou après... Dis à Williams de visiter le petit briska vert ce matin même; tu m'entends?

— Oui, monsieur le marquis... Vous ne voulez pas votre canne?

— Non... N'y a-t-il pas une place de fiacres ici près?

— Tout près, au coin de la rue de Lille.

Après un moment d'hésitation et de silence, le marquis reprit :

— Va demander à mademoiselle Juliette si madame d'Harville est visible.

Joseph sortit.

— Allons... c'est un spectacle comme un autre. Oui, je veux aller chez elle et observer le masque doucereux et perfide sous lequel cette infâme rêve sans doute l'adultère de tout à l'heure; j'écouterai sa bouche mentir pendant que je lirai le crime dans ce cœur déjà vicié... Oui... cela est curieux, voir comment vous regarde, vous parle et vous répond une femme qui, l'instant d'après, va souiller votre nom d'une de ces taches ridicules et horribles qu'on ne lave qu'avec des flots de sang... Fou que je suis! elle me regardera, comme toujours, le sourire aux lèvres, la candeur au front! Elle me regardera comme elle regarde sa fille en la baisant au front et en lui faisant prier Dieu... Le regard!... le miroir de l'âme! — et il haussa les épaules avec mépris — plus il est doux et pudique, plus il est faux et corrompu. Elle le prouve... Et j'y ai été pris comme un sot... O rage! avec quel froid et insolent mépris elle devait me contempler à travers ce *miroir* imposteur, lorsqu'au moment peut-être où elle allait trouver *l'autre*...

je la comblais de preuves d'estime et de tendresse... je lui parlais comme à une jeune mère chaste et sérieuse, en qui j'avais mis l'espoir de toute ma vie... Non! non! — s'écria M. d'Harville en sentant sa fureur s'augmenter — non! je ne la verrai pas, je ne veux pas la voir... ni ma fille non plus... je me trahirais, je compromettrais ma vengeance.

En sortant de chez lui, au lieu d'entrer chez madame d'Harville, il dit seulement à la femme de chambre de la marquise :

— Vous direz à madame d'Harville que je désirais lui parler ce matin, mais que je suis obligé de sortir pour un moment; si par hasard il lui convenait de déjeuner avec moi, je serai rentré vers midi; sinon, qu'elle ne s'occupe pas de moi.

— Pensant que je vais rentrer, elle se croira beaucoup plus libre — se dit M. d'Harville. Et il se rendit à la place de fiacres voisine de sa maison.

— Cocher, à l'heure!

— Oui, bourgeois; il est onze heures et demie. Où allons-nous?

— Rue de Belle-Chasse, au coin de la rue Saint-Dominique, le long du mur d'un jardin qui se trouve là... Tu attendras.

— Oui, bourgeois.

M. d'Harville baissa les stores. Le fiacre partit et arriva bientôt presque en face de la maison du marquis. De cet endroit, personne ne pouvait sortir de chez lui sans qu'il le vît.

Le rendez-vous accordé par sa femme était pour une heure; l'œil ardemment fixé sur la porte de sa demeure, il attendit.

Sa pensée était entraînée par un torrent de colères si effrayantes et si vertigineuses, que le temps lui semblait passer avec une incroyable rapidité.

Midi sonnait à Saint-Thomas-d'Aquin, lorsque la porte de l'hôtel d'Harville s'ouvrit lentement, et la marquise sortit.

— Déjà !.... Ah! quelle attention ! Elle craint de faire attendre l'*autre!!*... — se dit le marquis avec une ironie farouche.

Le froid était vif, le pavé sec.

Clémence portait un chapeau noir, recouvert d'un voile de blonde de la même couleur, et une douillette de soie *raisin de Corinthe;* son immense châle de cachemire bleu-foncé retombait jusqu'au volant de sa robe, qu'elle releva légèrement et gracieusement pour traverser la rue.

Grâce à ce mouvement, on vit jusqu'à la cheville son petit pied étroit et cambré, merveilleusement chaussé d'une bottine de satin turc.

Chose étrange, malgré les terribles idées qui le bouleversaient, M. d'Harville remarqua dans ce moment le pied de sa femme, qui ne lui avait jamais paru plus coquet et plus joli.

Cette vue exaspéra sa fureur, il sentit jusqu'au vif les morsures aiguës de la *jalousie sensuelle...* il vit l'*autre* à genoux, portant avec ivresse ce pied charmant à ses lèvres. En une seconde, toutes les ardentes folies de l'amour, de l'amour passionné, se peignirent à sa pensée en traits de flamme.

Et alors, pour la première fois de sa vie, il ressentit au cœur une affreuse douleur physique, un élancement profond, incisif, pénétrant, qui lui arracha un cri sourd.

Jusqu'alors son âme seule avait souffert, parce que jusqu'alors il n'avait songé qu'à la sainteté des devoirs outragés.

Son impression fut si cruelle qu'il put à peine dissimuler l'altération de sa voix pour parler au cocher, en soulevant à demi le store.

— Tu vois bien cette dame en châle bleu et en chapeau noir, qui marche le long du mur?

— Oui, bourgeois.

— Marche au pas, et suis-la... Si elle va à la place de fiacres où je t'ai pris, arrête-toi, et suis la voiture où elle montera.

— Oui, bourgeois... Tiens, tiens, c'est amusant!

Madame d'Harville se rendit en effet à la place de fiacres, et monta dans une de ces voitures.

Le cocher de M. d'Harville la suivit.

Les deux fiacres partirent.

Au bout de quelque temps, au grand étonnement du marquis, son cocher prit le chemin de l'église de Saint-Thomas-d'Aquin, et bientôt il s'arrêta.

— Eh bien! que fais-tu?

— Bourgeois, la dame vient de descendre à l'église... Sapristi!... jolie petite jambe, tout de même... C'est très-amusant!

Mille pensées diverses agitèrent M. d'Harville; il crut d'abord que sa femme, remarquant qu'on la suivait, voulait dérouter les poursuites. Puis il songea que peut-être la lettre qu'il avait reçue était une calomnie indigne... Si Clémence était coupable, à quoi bon cette fausse apparence de piété? N'était-ce pas une dérision sacrilége?

Un moment M. d'Harville eut une lueur d'espoir, tant il y avait de contraste entre cette apparente piété et la démarche dont il accusait sa femme...

Cette consolante illusion ne dura pas longtemps.

Son cocher se pencha et lui dit :

— Bourgeois, la petite dame remonte en voiture.

— Suis-la...

— Oui, bourgeois!.. Très-amusant... très-amusant!..

Le fiacre gagna les quais, l'Hôtel-de-Ville, la rue Sainte-Avoye, et enfin la rue du Temple.

— Bourgeois — dit le cocher en se retournant vers M. d'Harville — le camarade vient d'arrêter au n° 17, nous sommes au 13, faut-il arrêter aussi?

— Oui!...

— Bourgeois, la petite dame vient d'entrer dans l'allée du n° 17.

— Ouvre-moi.

— Oui, bourgeois...

Quelques secondes après, M. d'Harville entrait dans l'allée sur les pas de sa femme.

CHAPITRE XVII.

UN ANGE.

Madame d'Harville entra dans la maison.

Attirés par la curiosité, madame Pipelet, Alfred et l'écaillère étaient groupés sur le seuil de la porte de la loge.

L'escalier était si sombre, qu'en arrivant du dehors on ne pouvait l'apercevoir ; la marquise, obligée de s'adresser à madame Pipelet, lui dit d'une voix altérée, presque défaillante :

—Monsieur Charles... madame !...

—Monsieur... qui?—répéta la vieille, feignant de n'avoir pas entendu, afin de donner le temps à son mari et à l'écaillère d'examiner les traits de la malheureuse femme à travers son voile.

— Je demande... M. Charles... madame — répéta Clémence d'une voix tremblante, et en baissant la tête pour tâcher de dérober ses traits aux regards qui l'examinaient avec une si insolente curiosité.

— Ah ! monsieur Charles ? à la bonne heure... vous parlez si bas que je n'avais pas entendu... Eh bien ! ma petite dame, puisque vous allez chez M. Charles, beau jeune homme, tout de même... montez tout droit, c'est la porte en face.

La marquise, accablée de confusion, mit le pied sur la première marche.

— Eh ! eh ! eh ! — ajouta la vieille en ricanant — il paraît que c'est pour tout de bon aujourd'hui. Vive la noce ! et allez donc !

— Ça n'empêche pas qu'il est amateur, le commandant — reprit l'écaillère ; — elle n'est pas piquée des vers, sa Margot...

S'il ne lui avait pas fallu passer de nouveau

devant la loge où se tenaient ces créatures, madame d'Harville, mourant de honte et de frayeur, serait redescendue à l'instant même. Elle fit un dernier effort et arriva sur le palier.

Quelle fut sa stupeur !... Elle se trouva face à face avec Rodolphe, qui, lui mettant une bourse dans la main, lui dit précipitamment :

—Votre mari sait tout, il vous suit...

A ce moment on entendit la voix aigre de madame Pipelet s'écrier :

— Où allez-vous, monsieur ?

— C'est lui ! — dit Rodolphe ; et il ajouta rapidement, en poussant pour ainsi dire madame d'Harville vers l'escalier du second étage :

— Montez au cinquième : vous veniez secourir une famille malheureuse; ils s'appellent Morel...

— Monsieur, vous me passerez sur le corps plutôt que de monter sans dire où vous allez ! — s'écria madame Pipelet en barrant le passage à M. d'Harville.

Voyant, du bout de l'allée, sa femme parler à la portière, il s'était aussi arrêté un moment.

— Je suis avec cette dame... qui vient d'entrer — dit le marquis.

— C'est différent, alors passez.

Ayant entendu un bruit inusité, M. Charles Robert entrebâilla sa porte ; Rodolphe entra brusquement chez le commandant et s'y renferma avec lui au moment où M. d'Harville arrivait sur le palier. Rodolphe craignant, malgré l'obscurité, d'être reconnu par le marquis, avait profité de cette occasion de lui échapper sûrement.

M. Charles Robert, magniquement vêtu de sa robe de chambre à ramages et de son bonnet grec de velours brodé, resta stupéfait à la vue de Rodolphe, qu'il n'avait pas aperçu la veille à l'ambassade, et qui était en ce moment vêtu plus que modestement.

— Monsieur... que signifie ?...

— Silence ! — dit Rodolphe à voix basse, et avec une telle expression d'angoisse que M. Charles Robert se tut.

Un bruit violent comme celui d'un corps qui tombe et qui roule sur plusieurs degrés, retentit dans le silence de l'escalier.

— Le malheureux l'a tuée ! — s'écria Rodolphe.

— Tuée !... qui ? Mais que se passe-t-il donc ici ? — dit M. Charles Robert à voix basse et en pâlissant.

Sans lui répondre, Rodolphe entr'ouvrit la porte.

Il vit descendre en se hâtant et en boitant le petit Tortillard ; il tenait à la main la bourse de soie rouge que Rodolphe venait de donner à madame d'Harville.

Tortillard disparut.

On entendit le pas léger de madame d'Harville et le pas plus pesant de son mari, qui continuait de la suivre aux étages supérieurs.

Ne comprenant pas comment Tortillard avait cette bourse en sa possession, mais un peu rassuré, Rodolphe dit à M. Robert :

— Ne sortez pas d'ici, vous avez failli tout perdre...

— Mais enfin, monsieur — reprit M. Robert d'un ton impatient et courroucé — me direz-vous ce que cela signifie? qui vous êtes et de quel droit?...

— Cela signifie, monsieur, que M. d'Harville sait tout, qu'il a suivi sa femme jusqu'à votre porte, et qu'il la suit là-haut.

— Ah! mon Dieu, mon Dieu! s'écria Charles Robert en joignant les mains avec épouvante : — Mais qu'est-ce qu'elle va faire là-haut?

— Peu vous importe; restez chez vous et ne sortez pas avant que la portière vous avertisse.

Laissant M. Robert aussi effrayé que stupéfait, Rodolphe descendit à la loge.

— Eh bien! dites donc — s'écria madame Pipelet d'un air rayonnant — ça chauffe, ça chauffe! il y a un monsieur qui suit la petite dame. C'est sans doute le mari, le *jaunet;* j'ai deviné ça tout de suite, et je l'ai fait monter. Il va se massacrer avec le commandant, ça fera du bruit dans le quartier, on fera queue pour venir voir la maison comme on a été voir le n° 36, où il s'est commis un *assassin.*

— Ma chère madame Pipelet, voulez-vous me rendre un grand service ? — Et Rodolphe mit cinq louis dans la main de la portière. — Lorsque cette petite dame va descendre... demandez-lui comment vont les pauvres Morel, dites-lui qu'elle fait une bonne œuvre en les secourant, ainsi qu'elle l'avait promis en venant prendre des informations sur eux.

Madame Pipelet regardait l'argent et Rodolphe avec stupeur.

— Comment... monsieur, cet or... c'est pour moi ?... et cette petite dame... elle n'est donc pas chez le commandant ?

— Le monsieur qui la suit est le mari. Avertie à temps, la pauvre femme a pu monter chez les Morel, à qui elle a l'air d'apporter des secours ; comprenez-vous ?

— Si je vous comprends !... Il faut que je vous aide à enfoncer le mari... ça me va... comme un gant !... Eh, eh, eh ! on dirait que je n'ai fait que ça toute ma vie... dites donc !...

Ici on vit le chapeau-tromblon de M. Pipelet se redresser brusquement dans la pénombre de la loge.

— Anastasie — dit gravement Alfred — voilà que tu ne respectes rien du tout sur la terre, comme M. César Bradamanti ; il est des choses qu'on ne doit jamais mécaniser, même dans le charme de l'intimité...

—Voyons, voyons, vieux chéri, ne fais pas la bégueule et les yeux en boule de loto... tu vois bien que je plaisante. Est-ce que tu ne sais pas qu'il n'y a personne au monde qui puisse se vanter de... Enfin suffit... Si j'oblige cette jeunesse, c'est pour obliger notre nouveau locataire qui est si bon. — Puis, se retournant vers Rodolphe : — Vous allez me voir travailler !... voulez-vous rester là dans le coin derrière le rideau ?... Tenez, justement je les entends.

Rodolphe se hâta de se cacher.

Monsieur et madame d'Harville descendaient. Le marquis donnait le bras à sa femme.

Lorsqu'ils arrivèrent en face de la loge, les traits de M. d'Harville exprimaient un bonheur profond, mêlé d'étonnement et de confusion.

Clémence était calme et pâle.

— Eh bien ! ma bonne petite dame !... — s'écria madame Pipelet en sortant de sa loge — vous les avez vus, ces pauvres Morel? J'espère que ça fend le cœur ? Ah ! mon Dieu ! c'est une bien bonne œuvre que vous faites là... Je vous l'avais dit qu'ils étaient fameusement à plaindre, la dernière fois que vous êtes venue aux informations! Soyez tranquille, allez, vous n'en ferez jamais assez pour de si braves gens... n'est-ce pas, Alfred?

Alfred, dont la pruderie et la droiture naturelle se révoltaient à l'idée d'entrer dans ce complot anti-conjugal, répondit vaguement par une sorte de grognement négatif.

Madame Pipelet reprit :

— Alfred a sa crampe au pylore, c'est ce qui fait qu'on ne l'entend pas; sans cela il vous dirait, comme moi, que ces pauvres gens vont bien prier le bon Dieu pour vous, ma digne dame !

M. d'Harville regardait sa femme avec admiration, et répétait :

— Un ange! un ange! Oh! la calomnie !

— Un ange ? Vous avez raison, monsieur, et un bon ange du bon Dieu encore !...

— Mon ami, partons — dit madame d'Harville, qui souffrait horriblement de la contrainte qu'elle s'imposait depuis son entrée dans cette maison ; elle sentait ses forces à bout.

— Partons — dit le marquis.

Il ajouta, au moment de sortir de l'allée :

— Clémence, j'ai bien besoin de pardon et de pitié !...

— Qui n'en a pas besoin ? — dit la jeune femme avec un soupir.

Rodolphe sortit de sa retraite, profondément ému de cette scène de terreur mélangée de ridicule et de grossièreté, dénouement bizarre d'un drame mystérieux qui avait soulevé tant de passions diverses.

— Eh bien ! — dit madame Pipelet — j'espère que je l'ai joliment fait aller, le jaunet? Il mettrait maintenant sa femme sous cloche... Pauvre cher homme !... Et vos meubles, monsieur Rodolphe, on ne les a pas apportés.

— Je vais m'en occuper... Vous pouvez maintenant avertir le commandant qu'il peut descendre...

— C'est vrai... Dites donc, en voilà une farce!.. Il paraît qu'il a loué son appartement pour le roi de Prusse... C'est bien fait... avec ses mauvais 12 francs par mois...

Rodolphe sortit.

— Dis donc, Alfred — dit madame Pipelet — au tour du commandant, maintenant... Je vas joliment rire!

Et elle monta chez M. Charles Robert; elle sonna; il ouvrit.

— Commandant — et Anastasie porta militairement le dos de sa main à sa perruque — je viens vous déprisonner... Ils sont partis bras dessus bras dessous, le mari et la femme, à votre nez et à votre barbe. C'est égal, vous en réchappez d'une belle... grâce à M. Rodolphe; vous lui devez une fière chandelle!..

— C'est ce monsieur mince, à moustaches, qui est M. Rodolphe?..

— Lui-même...

— Qu'est-ce que c'est que cet homme-là?

— Cet homme-là?.. — s'écria madame Pipelet d'un air courroucé — il en vaut bien un autre! deux autres! C'est un commis-voyageur, locataire de la maison, qui n'a qu'une pièce et qui ne lésine pas, lui... Il m'a donné 6 francs pour son ménage; 6 francs et du premier coup... encore! 6 francs sans marchander!

— C'est bon... c'est bon... tenez, voilà la clef.

— Faudra-t-il faire du feu demain, commandant?

— Non!

— Et après-demain?

— Non! non!

— Eh bien, commandant, vous souvenez-vous? je vous l'avais bien dit que vous ne feriez pas vos frais.

M. Charles Robert jeta un regard méprisant sur la portière et sortit, ne pouvant comprendre comment un commis-voyageur, M. Rodolphe, s'était trouvé instruit de son rendez-vous avec la marquise d'Harville.

Au moment où il sortit de l'allée il se rencontra avec le petit Tortillard qui arrivait clopinant.

— Te voilà, mauvais sujet? — dit madame Pipelet.

— La Borgnesse n'est pas venue me chercher? — demanda l'enfant à la portière, sans lui répondre.

— La Chouette, non, vilain monstre. Pourquoi donc qu'elle viendrait te chercher?

— Tiens! pour me mener à la campagne, donc! — dit Tortillard en se balançant à la porte de la loge.

— Et ton maître?

— Mon père a demandé à M. Bradamanti de me donner congé aujourd'hui... pour aller à la campagne... à la campagne... à la campagne — psalmodia le fils de Bras-Rouge en chantonnant et en tambourinant sur les carreaux de la loge.

— Veux-tu finir, scélérat... tu vas casser mes vitres! Mais voilà un fiacre.

— Ah! ben, c'est la Chouette — dit l'enfant; — quel bonheur d'aller en voiture!

En effet, à travers la glace et sur le store rouge opposé, on vit se dessiner le profil glabre et terreux de la Borgnesse.

Elle fit signe à Tortillard, il accourut.

Le cocher lui ouvrit la portière, il monta dans le fiacre.

La Chouette n'était pas seule.

Dans l'autre coin de la voiture, enveloppé dans un vieux manteau à collet fourré, les traits à demi cachés par un bonnet de soie noire qui tombait sur ses sourcils... on apercevait le *Maître d'école.*

Ses paupières rouges laissaient voir, pour ainsi dire, *deux yeux blancs*, immobiles, sans prunelles, et qui rendaient plus effrayant encore son visage couturé, que le froid marbrait de cicatrices violâtres et livides...

— Allons, *môme*, couche-toi sur les *arpions* de mon homme, tu lui tiendras chaud, dit la borgnesse à Tortillard, qui s'accroupit comme un chien entre les jambes du Maître d'école et de la Chouette.

— Maintenant — dit le cocher du fiacre — à la *gernaffle* (1) de Bouqueval! n'est-ce pas, la Chouette? Tu verras que je sais *trimballer une voite* (2).

— Et surtout *riffaude ton gaye* (3) — dit le Maître d'école.

— Sois tranquille, *sans-mirettes* (4), il *défouraillera* (5) jusqu'à la *traviole* (6).

— Veux-tu que je te donne une *médecine* (7)? — dit le Maître d'école.

— Laquelle? — répond le cocher.

— *Prends de l'air* en passant devant les *sondeurs* (8); ils pourraient te reconnaître, tu as été long-temps rôdeur des barrières.

— J'ouvrirai l'œil — dit l'autre en montant sur son siége.

(1) A la ferme. — (2) Conduire une voiture. — (3) Chauffe ton cheval. — (4) Sans yeux. — (Œil, **mirette** : encore un mot presque gracieux dans cet épouvantable vocabulaire.) — (5) Il courra. — (6) Jusqu'à la traverse. — (7) Un conseil. — Donneur de conseils : **médecin**. — (8) Va vite en passant devant les commis de la barrière.

Si nous rapportons ce hideux langage, c'est qu'il prouve que le cocher improvisé était un brigand, digne compagnon du Maître d'école.

La voiture quitta la rue du Temple.

Deux heures après, à la tombée du jour, ce fiacre, renfermant le *Maître d'école*, la *Chouette* et *Tortillard*, s'arrêta devant une croix de bois marquant l'embranchement d'un chemin creux et désert qui conduisait à la ferme de Bouqueval, où se trouvait la *Goualeuse*, sous la protection de madame Georges.

FIN DE LA DEUXIÈME PARTIE.

TABLE DES CHAPITRES.

Chap. Ier. Recherches	1
II. Renseignements sur François-Germain	23
III. Le marquis d'Harville	29
IV. Histoire de David et Cecily	45
V. Une maison de la rue du Temple	65
VI. Les trois étages	93
VII. Monsieur Pipelet	115
VIII. Les quatre étages	137
IX. Tom et Sarah	157
X. Sir Walter Murph et l'abbé Polidori	171
XI. Un premier amour	192
XII. Le bal	207
XIII. Le jardin d'hiver	223
XIV. Le rendez-vous	231
XV. Tu viens bien tard, mon ange !	259
XVI. Les rendez-vous	285
XVII. Un ange	307

1704

www.ingramcontent.com/pod-product-compliance
Lightning Source LLC
Chambersburg PA
CBHW060655170426
43199CB00012B/1797